인공지능과 감시

AI문고

인공지능 시대입니다. 기계가 인간의 인지를 대신하고, 사물이 인간을 통하지 않고 다른 사물과 직접 커뮤니케이션합니다. 이에 따른 인간 삶과 문명 변화를 정확히 이해 · 예측 · 대응하는 것은 이 시대 우리 모두의 과제입니다. AI문고는 인공지능 기술과 환경의 여러 주제를 10가지 키워드로 정리합니다. 관련 개념과 이론, 학계와 산업계의 쟁점, 우리 일상의 변화를 다룹니다. 인간과 기술의 현재, 미래를 세심히 분석합니다.

일러두기

- 인명, 작품명, 저서명, 개념어 등은 한글과 함께 괄호 안에 해당 국가의 원어를 병기했습니다.
- 외래어 표기는 현행 어문규정의 외래어표기법을 따랐습니다.

처음이세요?

전문가세요?

인공지능과 감시

문상현

대한민국, 서울, 커뮤니케이션북스, 2025

인공지능과 감시

지은이 문상현
펴낸이 박영률

초판 1쇄 펴낸날 2025년 4월 24일

커뮤니케이션북스(주)
출판 등록 2007년 8월 17일 제313-2007-000166호
02880 서울시 성북구 성북로 5-11
전화(02) 7474 001, 팩스(02) 736 5047
commbooks@commbooks.com
www.commbooks.com

ISBN 979-11-430-0045-3 03500

책값은 뒤표지에 표시되어 있습니다.

차례

사회 통제 기술로서 인공지능

감시와 사회 통제는 오랫동안 밀접하게 연관됐으며, 정부와 기관들은 다양한 방법을 통해 인구의 행동을 모니터링하고 영향을 미쳐 왔다. 현대 사회에서 감시는 단순한 시각적 관찰의 영역을 넘어 국가와 기업, 나아가 개인 간의 상호 작용 전반에 걸쳐 깊숙이 내재해 있는 사회 통제 메커니즘이다. 과거 인간 요원에 의존하여 특정 집단이나 개인을 모니터링하던 감시는, 산업화와 디지털 기술의 발전을 거치면서 체계적 데이터 수집과 자동화된 분석 기술로 전환되었다. 이 과정에서 인공지능(AI)의 역할은 결정적이라고 할 수 있다.

인공지능 기술은 방대한 양의 데이터를 신속하게 처리하고 패턴을 분석함으로써 감시의 정확도와 효율성을 극적으로 높였으며, 이로 인해 사회 전반에 걸친 통제 체계가 재편되고 있다. AI 감시의 확산은 전 세계적으로 이러한 기술의 도입이 증가하고 있다는 사실에서 분명히 드러난다. 2019 AI 글로벌 감시 지수(2019 AI Global Surveillance Index)에 따르면, 176개국 중 56개국이 현재 감시 목적으로 어떤 형태로든 AI를 사용하고 있다(Olvera, 2024). AI의 감시 시스템 통합은 민주주의 가치와 개인의 자유에 중대한 도전을 제기한다. 지지자들은 이러한 기술이 공공 안전과 국가 안보를 강화한다고 주장하지만, 비판자들은 남용 가능성과 시민의 자유가 침해될 수 있다고 경고한다. 사회 통제 기술로서 인공지능 기반 감시에 대한 비판적이고 학술적인 논의가 필요한 이유다. 이 책은 이러한 문제의식을 관련된 10개의 핵심 키워드를 중심으로 풀어낸다.

감시 이론: 패놉티시즘에서 감시 자본주의로

제러미 벤담(Jeremy Bentham)의 18세기 감옥 설계에서 유래한 미셸 푸코(Michel Foucault)의 '패놉티시즘(Panopticism)' 개념은 감시 구조가 관찰의 내재화를 통해 순종적인 신체를 생산한다고 주장한다(Rathbone, 2022). 패놉티콘(panopticon)은 중앙 권력이 수감자를 지속적으로 관찰할 수 있도록 고안된 교도소 구조로, 푸코는 이를 근대 사회의 규율 권력을 설명하는 이론으로 확장했다. (보이지만 확인 불가능한) 패놉티콘의 중앙 감시탑은 의식적이고 영속적인 가시성을 창출해 수감자들이 끊임없는 감시를 두려워하며 스스로 행동을 규제하도록 강요한다(Sekulovski, 2016).

푸코는 이 모델을 학교, 병원, 직장 등 광범위한 사회 기관으로 확장해 현대 권력이 노골적인 강제가 아니라 규범을 정상화하는 비가시적 메커니즘을 통해 작동한다고 보았다(Foucault, 1977). 공개적 폭력에 의존한 전근대적 권력과 미세한 통제를 우선시하는 규율 사회를 대비시킨 것이다. 규율 기관은 공간을 분할하고, 개인을 범주화하며, 시험과 기록을 통해 규범을 강제함으로써 권력이 지식 생산을 통해 행사되는 사회를 형성한다. 이러한 과정은 생체 정치(Biopolitics)의 등장으로 이어지며, 통계 분석과 규제 기술을 통해 인구를 관리하는 방식으로 발전했다.

패놉티시즘은 감시를 분석하는 중요한 틀을 제공하지만, 디지털 환경에서의 감시 유동성을 설명하는 데는 한계가 있다. 패놉티콘은 물리적 건축과 중앙 집중적 감시를 전제로 하지만, 소셜 미디어와 같은 디지털 플랫폼은 탈중심화된, 상시적이고 분산된 감시를 가능하게 한다. 질 들뢰즈(Gilles Deleuze)는 푸코의 이론을 확장해 감시가 벽과 감시탑이 아닌 알고리즘과 데이터 흐름을 통해 조정된다고 설명한다(Deleuze, 1992).

들뢰즈는 '통제 사회(the societies of control)' 개념을

통해 디지털 시대의 권력 구조를 재정의한다. 들뢰즈에 따르면, 규율 사회에서 통제 사회로의 전환은 권력 작동 방식의 근본적인 변화를 의미한다(Deleuze, 1992). 학교, 감옥, 공장과 같은 공간적 폐쇄와 위계적 관찰 및 일상적 강제에 주목한 푸코와 달리, 들뢰즈는 네트워크를 통해 권력이 분산되고, 경계가 해체되며, 기술과 데이터 기반 메커니즘을 통해 지속적으로 행동이 조절되는 유동적 시스템으로서 통제 사회에 천착했다. 이러한 진화는 지구화된 자본주의와 디지털 인프라의 부상과 맥을 같이한다. 전통적인 규율의 틀은 실시간 추적과 알고리즘 거버넌스와 같은 역동적 프로세스로 대체되어, 물리적 감금 없이도 개인을 순응적으로 조종할 수 있게 되었다는 것이다.

통제 사회는 데이터 집계와 알고리즘 분석을 통해 행동을 예측하고 영향을 미치는 예측적 감시를 활용한다. 실시간으로 개인을 모니터링하는 전통적 감시와 달리 이 시스템은 사람들을 온라인 활동, 구매 이력, 생체 정보로 구성된 '분할체(dividuals)'로 파편화한다. 이러한 디지털 프로필을 통해 기관들은 직접적인 명령이 아닌 맞춤형 인센티브를 사용해 행동을 예측하고 선택을 미묘하게 조종할 수 있다(Brusseau, 2020). 감시는 스마트

폰 GPS나 소셜 미디어 알고리즘처럼 일상적 상호 작용에 내재되며, 공적 · 사적 영역의 경계를 허무는 방향으로 발전한다. 데이비드 라이언(David Lyon)은 이러한 감시가 사회적 분류(social sorting)를 통해 경제적 · 인종적 · 행동적 기준으로 개인을 선별하고 자원을 배분하거나 접근을 제한한다고 설명한다(Lyon, 2003). 예컨대 신용 점수 시스템(social credit scoring)이나 예측 치안 알고리즘은 객관성을 표방하지만, 실제로는 차별을 자동화한다.

케빈 해거티(Kevin Haggerty)와 리처드 에릭슨(Richard Ericson) 역시 '감시 집합체(surveillant assemblage)' 개념을 통해 이러한 전환을 강조한다. 감시는 국가 중심에서 더욱 분산되고 광범위한 시스템으로 전환되었는데, 이러한 시스템은 다양한 기관과 기술을 포괄하며 고정된 경계 없이 작동하는 감시 집합체를 창출했다. 그들에 따르면, 감시 집합체는 다양한 개별 감시 기술과 실천의 융합에서 발생하는 복잡한 시스템을 의미한다(Haggerty & Ericson, 2000). 풀어서 말하면, CCTV, 생체 인식, 데이터 마이닝 등 이질적인 감시 시스템들이 결합해 탈중심화된 통제 체제를 구성하는 것이다.

패놉티콘의 고정적 위계와 달리 이러한 아상블라주

(집합체)는 유동적이고 리좀 같은(rhizomatic) 네트워크로 작동한다. 감시가 다양한 방향으로 퍼져 나가고 여러 기술과 기관을 아우르며 통합되어, 결과적으로 더욱 확장되고 만연한 형태의 모니터링을 촉진하게 되는 것이다. 그들은 감시 기술의 지속적인 확장이 이윤과 보안에 대한 자본주의적 욕구에 의해 주도된다고 주장한다. 또한 감시 집합체는 인간의 신체를 물리적 맥락에서 추상화해 단편화된 정보 흐름을 통해 '데이터 더블(data double)'로 재구성하는 방식으로 작동한다. 이러한 데이터 더블은 예측 치안(predictive policing), 소비자 프로파일링(consumer profiling), 리스크 관리 등을 가능케 한다.

최근 가장 주목받는 학자인 쇼샤나 주보프(Shoshana Zuboff)는 감시 자본주의(surveillance capitalism)를 인간 경험을 원재료로 추출해 행동 데이터를 상품화하는 경제 질서로 정의했다(Zuboff, 2021). 이 시스템은 검색어, 위치 기록, 사회적 상호 작용 같은 개인 데이터를 행동 잉여(behavioral surplus)로 취급해 이용자의 미래 행동을 예측하고 영향을 미치는 데 활용한다. 감시 자본주의 기업들은 상품 생산을 통해서가 아니라 행동 미래 시장(behavioral futures markets)에서 이러한 예측을 판매해 수익을 창출한다.

주보프에 따르면, 감시 자본주의는 추출(extraction)과 예측(prediction)이라는 두 가지 핵심 운영 논리를 따른다. 추출은 스마트폰, 사물 인터넷(internet of things: IoT) 기기, 생체 인식 센서 등을 통해 점점 더 내밀한 데이터를 수확하도록 기업을 부추긴다. 구글의 검색 알고리즘이나 아마존의 구매 기록이 대표적이다. 한편, 예측은 머신 러닝을 활용해 이러한 데이터 세트를 분석해 사용자 선호도, 취약점, 잠재적 행동에 대한 인사이트를 생성한다. 이러한 예측은 제3자에게 상품으로 판매되어, 하이퍼 타깃팅 광고, 동적 가격 책정(dynamic pricing)과 유권자 조작에 활용된다.

감시 자본주의론은 산업 자본가의 착취에 대한 카를 마르크스의 비판을 디지털 영역으로 확장한다(Venkatesh, 2021). 산업 자본가들이 노동력의 잉여 가치에서 이윤을 얻은 것처럼, 감시 자본가들은 이용자의 공짜 디지털 노동으로 생성된 데이터에서 가치를 추출한다. 이용자는 무료 서비스를 위해 개인 데이터를 거래하는데, 이는 임금을 위해 노동을 교환하는 노동자를 연상시킨다. 감시 자본주의는 새로운 형태의 소외(alienation)를 발생시킨다. 즉, 이용자는 자신의 데이터에 대한 통제권을 상실하며,

넘겨진 데이터는 이용자의 선택을 조작하기 위해 활용된다. 이 과정에서 데이터 주체인 이용자의 자율성 침해와 종속이 발생한다.

주류 감시 이론들이 하향식(top-down) 감시에 초점을 맞추는 한편, 상향식 감시(sousveillance)나 참여적 감시(participatory surveillance) 같은 새로운 형태에 관한 관심도 높아졌다. 상향식 감시는 시민이 스마트폰으로 경찰 폭력을 녹화하는 등, 권력 기관을 감시하는 풀뿌리적 행위를 의미한다. 또한 소셜 미디어에서 이루어지는 자발적 정보 공개나 상호 감시 같은 이용자 혹은 동료(peer-to-peer) 간 수평적 감시도 일상화되고 있다. 이러한 참여적 형태의 감시는 감시 권력을 강화할 뿐 아니라, 감시의 정치적 속성을 은폐하고 정당화하는 데 기여한다. 프라이버시 역설(privacy paradox)이나 디지털 체념(digital resignation) 현상에서 보듯이, 이용자는 개인 데이터의 과도한 수집과 활용에 대해 우려하면서도 서비스 편의나 사회적 인정 욕구 때문에 이를 용인하거나 지지하게 된다.

이상에서 보듯이 감시 이론은 패놉티콘으로 상징되는 중앙 집중적 (물리적) 규율을 넘어 디지털 네트워크에서의 분산형 통제와 자본주의적 데이터 착취에 관한 관심으로 진화해 왔다. 푸코의 패놉티시즘이 가시성과 권력의 상관관계를 설명했다면, 새로운 이론들은 디지털화 과정에서 발생하는 감시의 편재화와 탈중심화된 감시 시스템의 등장에 주목하고 있다. 감시 기술로서 인공지능의 등장은 이러한 이론적 전환을 더욱 공고히 할 것으로 보인다.

인공지능과 감시의 진화

인공지능 기반 감시 시스템은 기존의 수작업 중심 감시 체계가 지니던 한계를 극복하고, 실시간 모니터링과 예측 분석을 통해 위협 요소를 선제적으로 감지할 수 있게 했다. 예를 들어, 컴퓨터 비전 기술과 기계 학습 알고리즘의 결합은 열악한 환경에서도 사람이나 사물을 정확히 식별하며, 안면 인식 기술은 낮은 화질의 영상 속에서도 개인을 신속하게 식별하는 능력을 갖추게 했다. 이처럼 AI는 감시의 자동화 및 정밀화를 가능하게 하여, 국가 안보, 치안, 공공 안전 등 다양한 분야에서의 활용 가치를 극대화하고 있다.

이러한 기술적 진보가 가져오는 사회적 · 정치적 함의는 결코 단순하지 않다. 인공지능의 발전은 감시 체계의 범위를 단순히 확장하는 데 그치지 않고, 시민 개개인의 프라이버시와 자유, 그리고 민주주의의 근간을 위협하는 문제로까지 확산하고 있다. 국가와 기업이 감시 데이터를 활용해 시민을 통제하고, 예측 치안 시스템과 같은 도구를 통해 특정 개인이나 집단에 대해 차별적 판단을 내리는 사례는 이미 현실에서 목격되고 있으며, 이는 감시 자본주의와 데이터 식민주의 같은 개념으로 비판받고 있다.

디지털 플랫폼과 소셜 미디어의 확산은 감시의 주체와 대상 간의 전통적 경계를 모호하게 만들었다. 정부에 의한 위계적 감시와는 달리, 플랫폼 기업에 의한 감시는 이용자의 동의하에 이루어지는 경우가 많으나, 이 또한 데이터 수집과 상업적 활용이라는 측면에서 심각한 프라이버시 침해 문제를 야기하고 있다. 개인들은 소셜 미디어상에서 스스로를 노출하고, 타인의 행동을 감시하는 동시에, 자신도 모르게 데이터에 의해 통제당하는 이중의 상황에 놓여 있다. 이와 같이 감시 문화는 단순히 외부의 강제적 통제를 넘어, 시민들이 스스로를 감시하고, 사회적 규범에 순응하도록 유도하는 양상으로 나타나고 있다.

이러한 맥락에서 인공지능은 단순히 기술적 도구를 넘어, 사회 구조와 권력 관계를 재구성하는 근본적 전환의 원동력으로 작용하고 있다. AI가 구현하는 자동화된 의사 결정 시스템은 기존의 인간 중심적 판단 과정을 대체하며, 데이터 기반의 프로파일링과 예측 분석을 통해 특정 개인이나 집단의 행동을 통제하는 새로운 방식의 사회 통제를 가능케 한다. 예측 치안 시스템이나 자동화된 정책 결정 알고리즘은 그 효율성 면에서는 혁신적이나 동시에 내재된 알고리즘 편향과 불평등의 문제를 동반하고 있어, 이로 인한 사회적 불평등과 차별이 심화할 우려가 있다. 이와 같이 AI 기반 감시는 단순한 기술 혁신을 넘어 사회적 · 윤리적 · 법적 문제를 수반하는 복합적 현상임을 재차 상기할 필요가 있다.

국가 감시 체계 내에서 인공지능의 역할은 특히 주목할 만하다. 전통적인 국가 감시 방식은 인구 조사나 범죄 기록과 같이 비교적 제한된 데이터에 의존했으나, AI 기술의 도입 이후 국가는 소셜 미디어, CCTV, 사물 인터넷 등 다양한 채널에서 발생하는 데이터를 통합 분석해, 보다 정교한 감시 체계를 구축하게 되었다. 민간 부문 역시 AI 기반 감시 기술을 활용하여, 소비자 데이터의 수집과 분석을 통해 새로운 경제적 가치를 창출하고 있다. 그러나 민간 기업이 개인 정보를 상업적 이익을 위해 무분별하게 활용함으로써 시민의 권리를 침해하는 문제로 이어지고 있다. 이에 더해, 인공지능 기술은 시민들이 스스로 자신의 행동과 신체 상태를 기록하고 분석하는 새로운 형태의 감시 문화를 촉진하고 있다. 이는 개인의 삶이 지속적으로 감시되고 통제되는 사회적 환경으로 전환되는 과정을 상징한다.

현대 사회에서 인공지능이 구현하는 감시 기술은 단순히 범죄 예방이나 행정 효율화를 위한 도구를 넘어, 사회 통제의 새로운 형태로 자리 잡고 있다. 인공지능 기술이 통합된 감시 체계는 데이터를 기반으로 시민의 행동을 실시간으로 모니터링하고, 그 결과를 바탕으로 예측적 조치를 취함으로써, 사회 전반의 질서를 유지하려는 시도로 나타난다. 이러한 감시 체계는 미시 표적화(micro-targeting)와 같은 기술을 통해, 특정 개인이나 집단에 대해 세밀한 프로파일링을 수행하고, 이로 인해 발생하는 사회적 차별과 편향 문제를 심화하는 측면이 있다. 정치 캠페인에서부터 사회 안전망에 이르기까지, 인공지능 기반 감시는 이미 다양한 영역에서 그 영향력을 행사하고 있으며, 그 결과로 민주주의와 시민의 기본권이 위협받는 현실에 직면하고 있다.

인공지능이 구축하는 감시 체계는 기술적 혁신의 산물인 동시에, 사회적 가치와 윤리적 기준에 대한 지속적인 재검토가 요구되는 영역이다. 기술이 발전함에 따라 감시 체계는 점점 더 자동화되고 통합되며, 이에 따라 발생하는 불투명한 알고리즘 작동 방식과 의사 결정 과정은 사회적 불신을 초래할 수 있다. 시민들은 자신들의 개인 데이터가 어떻게 수집·분석되고, 어떤 기준에 의해 평가되는지에 대해 알기 어려워지며, 이는 결과적으로 권력 집중과 감시의 남용 문제를 심화하는 원인이 된다. 이러한 상황에서, 기술적 혁신에 따른 효율성과 편리성의 이면에 존재하는 위험성을 면밀히 분석하고, 이를 규제할 수 있는 제도적 장치 마련이 시급하다. 동시에, 시민들이 감시 체계 내에서 자신의 권리를 적극적으로 주장하고, 데이터 주권 및 프라이버시 보호를 위한 사회적 합의를 만들어 내는 것이 필수적이다.

책의 구성

사물 인터넷, 빅 데이터, 알고리즘, 인공지능 등 지능 정보 기술의 발전으로 우리가 온오프라인에서 남기는 모든 흔적이 디지털 데이터의 형식으로 정부 및 민간 기업에 의해 수집·저장·활용되고 있다. 이를 통해 우리의 일거수일투족이 데이터 수집 주체에 의해 관찰·모니터되며 이는 감시의 전형적인 형태다.

이 책의 목적은 인공지능과 감시의 다양한 측면을 깊이 있게 탐구하고, 독자들에게 이 복잡한 문제에 대한 포괄적인 이해를 제공하는 데 있다. 독자들은 이 책을 통해 인공지능과 감시 기술이 우리의 삶에 어떤 영향을 미치는지, 그리고 이러한 기술을 윤리적이고 책임감 있게 활용하기 위해 우리가 무엇을 할 수 있는지에 대한 통찰을 얻을 수 있을 것이다.

이 책은 총 10장으로 구성되었으며, 각 장의 내용을 간략히 소개하면 다음과 같다.

1장은 감시의 개념과 목적, 핵심 요소를 설명하고, 감시 주체, 기술, 범위에 따른 다양한 유형을 소개한다.

2장은 먼저 인공지능 등장 이전의 감시 기술 발달 과정을 개괄한다. 이어서 인공지능 기술이 감시 기술을 어떻게 고도화했으며 핵심 특성은 무엇인지 분석한다.

3장은 국가에 의한 감시의 특성과 기능을 역사적 맥락에서 살펴보고, 인공지능 기술이 국가 감시 역량을 어떻게 증대하는지 분석한다. 특히 예측 치안과 유권자 감시 사례를 통해 국가 감시의 윤리적 · 사회적 문제를 제기한다.

4장은 데이터 경제에서 이용자 데이터의 가치가 어떻게 변화하는지 설명하고, 민간 기업의 인공지능 기반 데이터 감시가 사회 문화적으로 어떤 함의를 갖는지 분석한다.

5장은 디지털 플랫폼의 작동 방식과 데이터화 과정을 설명하고, 플랫폼 기업이 이용자 데이터를 수집하고 활용하는 방식이 어떻게 감시 메커니즘으로 작동하는지 분석한다. 또한 플랫폼의 감시에 대한 학자들의 비판적 논의를 소개한다.

6장은 소셜 미디어를 통해 확산하는 사회적 감시 개념을 소개하고 그 함의를 논의하다. 또한 감시 문화 개념을 통해 소셜 미디어 이용자의 자기 노출과 상호 감시가 갖는 의미를 탐구한다.

7장은 스마트 기기와 웨어러블 기술 발달로 등장한 '정량화된 자아'와 자기 추적 현상을 분석한다. 또한 데이터 더블 개념을 통해 자기 감시가 개인의 삶과 사회에 미치는 영향에 대해 논의한다.

8장은 프라이버시 개념의 역사적 변천 과정을 추적하고, 현대 사회에서 감시와 프라이버시가 맺는 긴장 관계를 분석한다. 감시 기술 발달이 프라이버시 권리에 미치는 영향과 이에 대한 사회적 논쟁을 소개한다.

9장은 프라이버시 보호와 개인 데이터 보호의 관계를 규명하고, 개인 데이터 보호의 제도화 과정을 살펴본다.

일반 데이터 보호 규정(general data protection regulation: GDPR) 등 주요 데이터 보호 법안의 내용과 의미를 분석하고, 감시 사회에서 데이터 주체의 권리 강화를 위한 제도적 노력을 소개한다.

10장은 데이터 주권과 데이터 소유권 개념을 소개하고, 이를 통해 지능 정보 사회에서 데이터 주체의 권리가 어떻게 변화해야 하는지 검토한다. 또한 최근 큰 주목을 받는 생성형 AI의 등장이 감시의 고도화와 데이터 주체의 프라이버시에 미칠 영향에 대해 논의한다.

참고문헌

Brusseau, J.(2020). Deleuze's postscript on the societies of control: Updated for big data and predictive analytics. *Theoria*, 67(164), pp.1-25.

Deleuze, G.(1992). Postscript on the Societies of Control. *October*, 59: 3-7. Original publication: Deleuze, G.(1990). Post-scriptum sur les societes de controle. *L'autre journal*: 1, mai.

Foucault, M.(1977). *Discipline and Punish*. New York, NY: Vintage.

Haggerty, K. D. & Ericson, R. V.(2000). The surveillant assemblage. *The British Journal of Sociology*, 51(4), pp.605-622.

Lyon, D.(2003). *Surveillance as social sorting: Privacy, risk, and digital discrimination*. Psychology Press.

Olvera, A.(2024.6.7). How AI surveillance threatens democracy everywhere. *Bulletin of the Atomic Scientists*, https://thebulletin.org/2024/06/how-ai-surveillance-threatens-democracy-everywhere/

Rathbone, M.(2022). Panopticism, impartial spectator and digital technology, *IPJP*, 22, pp.1-10.

Sekulovski, J.(2016). The panopticon factor: Privacy and surveillance in the digital age. *Project Innovative Ethics*, 1(9). pp.1-15.

Venkatesh, N.(2021). Surveillance capitalism: a Marx-inspired account. *Philosophy*, 96(3), 1-27.

Zuboff, S.(2019). *The age of surveillance capitalism*. Public Affairs. 김보영 옮김(2021). 『감시 자본주의 시대』. 문학사상.

01
감시의 개념과 유형

감시는 개인이나 집단에 영향을 미치거나 관리하기 위한 목적의 체계적인 모니터링이다. 감시는 시각적 관찰을 넘어 유전자 검사, 전자 모니터링, 안면 인식 등 다양한 방식으로 확장되었다. 감시는 국가, 기업, 개인 간의 상호 감시 형태로 발전하며, 물리적 감시, 디지털 감시, 생체 감시 등으로 구분될 수 있다. 또한 감시 범위에 따라 개인 감시, 집단 감시, 대량 감시로 나뉜다.

감시의 개념과 목적

감시는 개인이나 집단에 영향을 미치거나 관리하기 위해 감시 대상자의 행동과 데이터 등을 체계적으로 모니터링하는 것을 의미한다. 윌리엄 스테이플스(William Staples)는 감시를 "사람들을 면밀히 지켜보는 행위"라고 정의한다(Staples, 1997: ix). 그가 '주의 깊은 시선(watchful gaze)'이라고 명명한 데서도 나타나듯이 시각적 관찰은 감시의 본원적 특성으로 여겨진다.

그러나 기술의 발전과 함께 감시는 단순한 시각적 관찰이나 정보의 기록을 넘어 유전자 검사, 전자 모니터링, 범주화와 행동 예측을 위한 통계 분석의 사용, 그리고 안면 인식(facial recognition)에 이르기까지 다양한 형태의 모니터링을 포함하는 것으로 확장된다. 한편 데이비드 라이언(David Lyon)은 "데이터 수집 대상자에게 영향을 미치거나 관리할 목적으로 식별 여부와 무관하게 개인 데이터를 수집하고 처리하는 행위"로 정의한다(Lyon, 2001: 2). 그의 정의는 수집된 데이터의 개인적이고 비신체적인 특성을 강조하는데, 이는 데이터베이스를 통한 감시의 가능성을 열어 두게 된다. 제임스 룰(James Rule)과 그의 동료들 역시 감시를 "사회 통제를 위해 개인 데이터를 체계적으로 수집하고 모니터링하는 것"으로 정의했다(Rule, et al., 1980: 90).

감시의 핵심 요소로는 가시성(visibility), 데이터 수집(data collection), 통제(control)를 들 수 있다. 첫째, 감시는 체계적인 관찰을 포함하며, 이는 명시적일 수도 있고 은밀한 것일 수도 있다. 명시적 감시는 바람직하지 않은 행동을 억제하는 역할을 하는 반면, 은밀한 감시는 감시 대상이 인식하지 못한 상태에서 모니터링하는 데 중점을 두어 필터링되지 않은 데이터를 수집하는 데 효과적이다.

둘째, 물리적 공간, 디지털 플랫폼, 개인 기기 등 다양한 출처에서 정보가 수집된다. 현대의 감시는 위치 추적, 생체 인식 식별자, 행동 데이터와 같은 다수의 데이터 스트림을 결합해 포괄적인 프로필을 구성한다.

셋째, 감시의 궁극적 목표는 개인과 집단의 행동을 관리하고, 사회적 규범을 강제하며, 안전(security)을 보장하는 것이다. 통제 메커니즘에는 규제의 집행, 자동화된 의사 결정 시스템, 또는 감시 가시성을 통한 사회적 조건화가 포함될 수 있다.

라이언은 오늘날의 감시가 과거와는 네 가지 측면에서 다른 양상을 보인다고 주장한다(Lyon, 2024: 17-20). 첫째, 오늘날의 감시는 많은 기관과 조직 내에서 지속적으로 발생하는 현상이라는 점이다. 즉, 감시는 단순히 잠재적 범죄자에 대한 의심이나 인터넷 페이지에 대한 열정적인 클릭에 의해 촉발되는 일회성 사건이 아니다. 그보다는 특정 조직이 소비, 이동, 또는 관계의 패턴을 통해 경제적 가치가 있는 정보를 발견할 수 있을 것이라는 기대로 방대한 양의 데이터를 수집하기 때문이다.

둘째, 감시는 점점 더 자동화되고 있다. 대부분은 특정 개인을 감시 대상으로 결정하는 것은 인간의 결정이 아니다. 이러한 자동화된 시스템은 개인이 메시지를 보내거나, 어떤 행동을 마치거나, 특정 장소에 나타날 때 자동으로 해당 개인을 조직이나 플랫폼에 노출되도록 설계되어 있다.

셋째, 오늘날의 감시는 우리의 일상생활의 반복되는 일과(routines)와 환경에 내재되어 있다. 카메라와 센서를 내장한 CCTV가 곳곳에 설치되어 있어 거주자를 추적하고, 자동차는 운전자를 모니터링하며, 휴대폰은 언제, 어디서, 어떻게, 누가 사용했는지를 지속적으로 기록한다. 스캐너, 감지기, 녹화 장치는 일상생활의 일부가 되어 편리함과 안전, 안심을 제공하지만 동시에 조용히 감시도 하고 있는 것이다.

감시의 마지막 특징은 감시가 이루어지는 사회적 맥

락에 존재하는 긴장이다. 현재 감시에 사용되는 기술은 매우 빠른 혁신의 산물이다. 이러한 혁신이 감시의 성격을 크게 변화시켰음에도 적절한 규제가 무엇인지에 대한 정책적 · 사회적 논의는 혁신의 속도를 따라잡지 못하고 있다.

감시에 대한 부정적 인식과는 달리 사실 감시는 우리가 직면하는 다양한 사회적 · 경제적 · 정치적 문제를 해결하는 데도 기여한다. 감시의 대표적 목적을 설명하면 크게 안전, 통제, 경제적 목표, 공중 보건, 교육을 들 수 있다. 첫째, 위험을 식별하고 대응을 조율함으로써 대테러 활동, 범죄 예방 및 재난 관리의 기반이 된다. 또한 감시 데이터를 기반으로 한 예측 분석은 법 집행 기관이 범죄 활동을 예측하고 자원을 보다 효율적으로 배치하는 데 도움을 준다.

둘째, 사회적 규범을 시행하고 질서를 유지하며, 특히 권위주의 정권에서 정권 혹은 정책적 반대를 통제하는 데 활용된다(Rojszczak, 2025). 셋째, 기업은 소비자에 대한 감시를 맞춤형 마케팅, 고객 경험 개선, 매출 성장 등의 목적을 위해 활용한다. 개인화와 다품종 소량 생산을 특징으로 하는 포스트 포디즘 경제에서 소비자 데이터의 가치는 이전과 비견할 수 없을 정도로 커졌다. 정부나 공적 기구에 의한 감시보다 소비자 데이터 확보를 목표로 한 민간 기업의 감시가 주목을 받는 이유다.

넷째, 팬데믹 시기에 경험한 것처럼 감시 기술은 접촉자 추적, 예방 접종 모니터링, 질병 예측에 활용되고 있다(Véliz, 2024). 접촉자 추적 앱은 위치 정보와 블루투스 기술을 사용해 잠재적 노출을 식별하고, 고급 예측 모델은 감염 패턴을 분석해 향후 발병을 예측함으로써 선제적 조치를 가능케 한다. 마지막으로 감시 기술은 안전, 성과 모니터링, 자원 관리를 위해 교육 기관에서 광범위하게 활용한다. 캠퍼스의 안전을 보장하기 위해 CCTV나 안면 인식 시스템을 활용하며, 학습 관리 시스템은 학생들의 학업 활동을 모니터링한다. 많은 대학이 도입한 스마트 학생증의 자동 출석 확인 기능은 감시 기술의 활용 사례라고 할 수 있다.

감시의 유형

감시의 형태는 다양하며, 각각은 고유한 메커니즘을 사용해 서로 다른 목적을 수행한다. 감시의 유형 역시 이러한 기준을 통해 다양하게 분류할 수 있다. 가장 일반적인 분류 기준에는 감시를 수행하는 주체는 누구인지, 감시에 사용되는 기술적 매체는 무엇인지, 그리고 감시 대상의 범위는 어느 정도인지 등이 있다.

첫째, 감시의 주체가 누구인지에 따라 국가 · 정부에 의한 감시, 기업에 의한 감시, 그리고 소셜 미디어 플랫폼 등에서 개인 간(peer-to-peer)에 이루어지는 사회적 감시(social surveillance)로 분류할 수 있다. 감시 주체의 성격이 구분되므로 감시 목적도 분명한 차이가 있다. 국가 · 정부에 의한 감시는 역사적으로 가장 오래되고 사회적 파급력도 큰 유형이다. 안전 보장이나 행정 효율화의 필요성에 따라 국가는 다양한 방식으로 감시를 수행해 왔다.

한편, 디지털 기술의 확산과 민주주의 제도화 등의 정치 경제적 변화로 인해 최근 플랫폼 기업 등 민간 부문에 의한 감시에 학술적 · 정책적 관심이 모아지고 있다. 쇼샤나 주보프(Shoshana Zuboff)가 제안한 감시 자본주의 개념은 민간 부문에 의한 감시의 고도화와 일상화에 주목한다(Zuboff, 2019). 소셜 미디어나 디지털 플랫폼을 통해 개인들이 자발적으로 자신의 데이터를 공여 · 공유하는 한편, 소셜 미디어상에서 타인의 정보와 행동을 감시하고 추적하는 감시 행위가 일종의 삶의 양식(ways of life), 즉 문화가 되었다. 이제 감시는 "단순히 외부에서 우리의 삶을 침해하는 외적인 어떤 것만이 아니라 일상의 삶을 살아가는 시민들이 기꺼이 혹은 마지못해 순응하고, 타협하며, 저항하고, 관여하고, 심지어 스스로 수행하고 열망하는 일이 되었다"(Lyon, 2018: 9).

둘째, 감시에 사용되는 기술적 매체에 따라 물리적 감시(physical surveillance), 디지털 감시(digital surveillance), 그리고 생체 감시(biometric surveillance) 등으로 분류할 수 있다. 물리적 감시는 인간 요원, 카메라 또는 기타 아날로그 도구를 사용해 개인이나 장소를 직접 관찰하는 것이다. 목적은 범죄 억제, 정보 수집, 안전 확보를 위한 법 집행, 보안, 원활한 군사 작전 수행 등을 들 수 있다. 디지털 감시는 인터넷 검색, 온라인 커뮤니케이션, 위치 추적 등 디지털 활동을 모니터링하는 것이며, 사이버 보안, 맞춤형 콘텐츠나 광고 제공, 법 집행 등의 목적으로 이루어진다. 디지털 감시의 수단에는 인터넷 추적 메커니즘(IP 주소, 쿠키 등), AI 기반 얼굴 인식 및 자연어 처리 시스템 등이 있다.

생체 감시는 지문, 망막 스캔, DNA와 같은 생물학적 · 생리학적 데이터를 사용해 신원을 식별하고 모니터링하는 것이다. 신원 확인이나 국경 통제를 강화하는 데 널리 채택되고 있다. 주요한 감시 수단은 생체 여권, 얼굴 인식 키오스크, DNA 데이터베이스 등을 들 수 있다.

셋째, 감시가 적용되는 범위에 따라 개인 감시, 집단 감시, 대량 감시(mass surveillance)로 분류할 수 있다. 법 집행 기관의 범죄 용의자 추적, 고용주의 직원 감시 같은 개인 감시나 특정 성향을 지닌 집단에 대한 감시와 달리 대량 감시는 특정 목표 없이 대규모 인구의 데이터를 무차별적으로 수집하는 것이다. 일반적으로 대량 감시는 국가 안보나 사회 안전을 위해 잠재적 위협에 대한 사전 예방 차원에서 필요하다고 정당화된다. 2013년 미국 국가안보국(NSA) 감시 프로그램에 대한 에드워드 스노든(Edward Snowden)의 폭로에서 드러났듯이, 국가 정보기관의 데이터 수집과 도청은 대량 감시의 규모와 범위가 얼마나 큰지를 잘 보여 준다.

참고문헌

Lyon, D.(2001). *Surveillance society: Monitoring everyday life.* Milton Keynes: Open University Press.

Lyon, D.(2018). *The culture of surveillance: Watching as a way of life.* Polity.

Lyon, D.(2024). *Surveillance: A very short introduction.* OUP Oxford.

Rojszczak, M.(2025). *Bulk surveillance, democracy and human rights law in Europe.* Routledge.

Rule, J., et al.(1980). *The politics of privacy.* New American

Library.

Staples, W. G.(1997). *The culture of surveillance: Discipline and social control in the United States.* New York: St Martin's Press.

Véliz, C.(2024). *The ethics of privacy and surveillance.* Oxford University Press.

Zuboff, S.(2019). *The age of surveillance capitalism.* Public Affairs. 김보영 옮김(2021). 『감시 자본주의 시대』. 문학사상.

02
인공지능과 감시 기술의 고도화

산업화 이전 감시는 인간 요원과 물리적 기록을 기반으로 이루어졌으며, 이후 전자 매체와 디지털 기술의 발전으로 데이터 감시로 전환되었다. 인공지능은 감시를 자동화하고, 실시간 분석과 예측을 가능하게 하며, 감시 시스템의 정밀도를 높였다. 주요 기술로는 기계 학습 알고리즘, 자동화된 의사 결정 시스템, 안면 인식, 자연어 처리 등이 있다.

AI와 MBTI?

인공지능 등장 이전의 감시 기술

산업화 이전과 초기 산업화 시대에는 감시가 주로 인간 요원(human agent)에 의존해 특정 개인이나 집단을 관찰하고 보고하는 방식으로 이루어졌다. 용의자를 미행하거나 정보를 수집하기 위해 첩자를 고용하는 등의 기술이 사용되었다. 행정적 감시는 인구 조사 데이터나 범죄 기록과 같은 물리적 기록을 통해 이루어졌으며, 이는 정부와 공공 기관에 의해 수동적으로 관리되었다. 19세기 들어서는 전신(telegraph)과 사진이 감시 도구로 활용되었다. 전신은 군사 통신과 스파이 활동을 감청하거나 모니터링하는 데 크게 기여했다. 한편 사진 기술은 법집행 분야에서 얼굴 사진을 이용한 문서화와 개인 식별을 혁신했다.

20세기 초반부터 중반까지는 전화와 라디오 등의 전자 매체가 감시 기술을 고도화하는 데 중요한 역할을 한다. 전화 감시를 위한 도청 시스템, 은밀한 녹음을 위한 소형 마이크, 무선 주파수 차단 장치 같은 오디오 감시 기술이 개발·활용되었다. 이 시기는 특히 군사적 방위와 해외 정보 습득에 강조점이 주어졌다. 예를 들면, 세계 대전과 냉전 시기 동안 각국은 군사 작전을 위해 시긴트(SIGINT: signal intelligence) 역량 강화를 적극적으로 추진했다(Rojszczak, 2025). 무선 통신을 가로채기 위한 군사 청취 네트워크도 전 세계적으로 구축되었다. 1492년에는 1세대 CCTV가 독일에서 개발되었으며, 주로 군사 시설과 같은 보안 구역을 모니터링하는 데 사용되었다. 이후 위성 기술이 개발되면서 청취 네트워크를 대체했고, 데이터 수집 역량도 비약적으로 발전하게 되었다. 감시 위성은 냉전 시대에 정찰과 추적에서 중요한 역할을 했다.

20세기 후반에는 디지털 기술의 출현으로 대규모 감시로의 전환이 이루어졌다. 컴퓨터의 등장과 함께 '데이터 감시(dataveillance)'라는 개념이 나타났으며, 은행 거래 및 여행 기록과 같은 디지털 데이터를 수집해 체계적으로 개인을 감시할 수 있게 됐다. 정보 통신 기술을 활용한 데이터 감시는 "개인이나 집단의 행동을 규제하고 통제할 목적으로 디지털 정보 관리 시스템을 이용하여 개인과 집단을 체계적으로 모니터링하는 행위"로 정의된다(Degli-Esposti, 2014: 210). 데이비드 라이언(David Lyon)은 데이터 감시를 온라인과 물리적 환경에서 개인이 생성하는 데이터를 지속적이고 편재적으로 모니터링하는 현대적 형식의 감시라고 설명한다(Lyon, 2022). 특정한 목적 없이도 지속적으로 개인을 감시할 수 있는 시스템이 갖춰진 것이다.

디지털 기술이 고도화되고 인공지능 기술이 등장하기 이전에는 감시가 수작업 중심이며 노동 집약적인 특성을 가졌다. 인간 요원은 물리적 감시를 수행하고, 아날로그 CCTV를 모니터링했으며, 감시를 통해 획득한 정보를 자기 테이프나 물리적 매체에 기록해 보관했다. 이 시기의 감시는 국지적이고 범죄 용의자나 정치적 반체제 인사, 군사적 적과 같은 특정 개인이나 소규모 집단에 초점이 맞춰졌다. 디지털 기술의 등장으로 데이터 감시가 보편화되기 이전에는 비용과 기술의 한계로 대규모의 감시가 어려웠다. 초기의 기계 및 전자 감시 시스템은 상호 통합되지 않아, 각각의 감시 활동은 협업 없이 개별적이고 고립된 방식으로 이루어졌다. 이후 인공지능의 도입으로 알고리즘 기반의 고도로 자동화되고 통합된 감시 체계가 등장하면서 비로소 이런 문제가 해결되기 시작한다.

인공지능 기반 감시 기술의 특성

인공지능 기술은 방대한 데이터를 처리하고 패턴을 식별하며 최소한의 인간 개입으로 결정을 내릴 수 있는 능력을 통해 감시 시스템을 고도화했다. 감시를 고도화하는 데 기여한 인공지능 기술에는 기계 학습 알고리즘, 자동화된 의사 결정 시스템(automated decision-making system), 안면 인식과 객체 및 행동 인식(object and behavior recognition), 텍스트와 음성을 분석하는 데 활용되는 자연어 처리(natural language processing) 기술 등이 있다.

인공지능 기술이 감시 고도화에 기여한 방식은 다음과 같다. 첫째, 감시를 자동화하고 정확도를 향상시켜 효율성을 높였다. AI 기반 감시 시스템은 영상이나 기록 검토와 같이 인력이 투입되던 기존 작업 방식을 자동화했다. 알고리즘은 대규모 데이터를 즉시 선별해 이상 징후나 패턴을 찾아낼 뿐 아니라 피로나 주의력 분산으로 발생할 수 있는 인적 오류의 가능성을 최소화할 수 있다. 이는 수작업 대비 더 정확하고 효율성도 제고하는 장점이 있다(APS, 2024). AI 기반 감시 시스템은 컴퓨터 비전을 활용해 열악한 조명이나 혼잡한 환경에서도 사람, 차량, 방치된 물품 등을 정확하게 식별하고 추적할 수 있다. 또한 열화상 또는 야간 투시 기능이 탑재된 AI 강화 카메라는 어둠, 안개, 연기 속에서도 높은 정확도를 유지할 수 있다.

둘째, 인공지능은 감시의 확장과 데이터 통합을 가능

하게 한다. AI 기반 감시 시스템은 지역과 대상에 제한받지 않는다. 광범위한 지역과 대규모 감시는 물론 맞춤형 추적과 개별 식별도 가능하다. 대표적 인공지능 기술인 사물 인터넷(internet of things: IoT)은 스마트 카메라, 센서, 가전제품 등과 같은 장치를 연결해 감시의 범위를 확장했다. 또한 CCTV 네트워크, 소셜 미디어, 모바일 기기, 사물 인터넷 등 다양한 출처로부터 데이터를 수집한다. 인공지능은 수집된 빅 데이터를 처리해 의미 있는 패턴과 상관관계를 발견할 수 있게 한다. 이는 기존의 수작업 중심의 시스템에서는 불가능한 일이었다.

셋째, 인공지능은 선제적 모니터링과 실시간 분석을 가능케 한다. 기존 감시 시스템은 주로 사후 분석을 위해 데이터를 기록했다. 반면 AI 기반 감시 시스템은 알고리즘을 사용해 정상적 행동 패턴의 기준을 설정하고, 배회, 무단 접근, 비정상적인 움직임과 같은 의심스러운 활동을 감지할 수 있다. 실시간으로 데이터를 수집·분석해 발생할 수 있는 위협을 선제적으로 모니터링할 수 있게 되었다. 최근 사용이 확대되고 있는 안면 인식 기술은 대표적인 실시간 감시 기술의 사례다. 안면 인식 기술은 저화질의 영상이나 조명이 충분치 않은 환경에서도 개인을 빠르고 정확하게 식별할 수 있다(Gardner, 2024).

마지막으로 인공지능은 예측 분석(predictive analytics)을 가능케 한다. 빅 데이터 분석에 기반해 개인의 미래 행동을 예측하는 것은 인공지능의 가장 중요한 특성이자 장점이다. 이는 감시에서도 마찬가지인데, 인공지능 기반 감시 시스템이 특정 개인이나 집단에 대한 차별과 불평등을 야기한다는 비판을 받는 이유이기도 하다. AI 기반 감시 시스템은 과거 데이터나 트렌드를 분석해 잠재적인 위험을 예측하고 사전 예방 조치를 취할 수 있게 한다. 정부와 민간 기업은 AI를 활용해 범죄 활동이나 사회적 불안을 사전에 예측한다. 예를 들어, 법 집행기관은 예측 치안 시스템(predictive policing)을 사용해 범죄가 많이 발생하는 지역을 식별하고 이를 통해 범죄 발생 가능성을 낮출 수 있다. 이러한 도구는 또한 사이버 범죄, 허위 정보 캠페인, 보안 침해를 감지하기 위해 온라인 활동을 모니터링하는 데까지 확장되고 있다.

최근 등장한 생성형 AI는 감시 기술을 고도화하는 데 다양한 방식으로 기여할 것으로 예상된다. 생성형 AI는 이미지, 비디오, 텍스트를 포함한 대량의 비정형 데이터를 처리할 수 있다. 이를 통해 영상 분석 역량을 제고해 방대한 감시 데이터를 정확하게 분석하고, 패턴을 인식해, 학습한 정보를 기반으로 잠재적 위협을 예측할 수 있다(Hartman, 2024). 생성형 AI는 명시적으로 프로그래밍되지 않은 경우에도 학습된 규범에서 벗어나는 비정상적인 패턴이나 행동을 감지할 수 있다. 이를 통해 감시 시스템에서 더 섬세하고 맥락을 고려한 위협 감지가 가능해진다. 또한 콘텐츠 생성이라는 기술적 특성을 활용해 합성 데이터(synthetic data)를 생성하고 다양한 시나리오를 시뮬레이션할 수 있어, 감시 시스템에서 더 고도화된 예측 분석과 위험 평가가 가능하다.

참고문헌

APS(Access Professional Systems)(2024.9.24). How AI is disrupting the surveillance technology system industry? https://accessprofessionals.com/how-ai-is-disrupting-surveillance-technology-industry/

Degli-Esposti, S.(2014). When big data meets dataveillance: the hidden side of analytics. *Surveillance & Society*, 12(2), pp.209-225.

Gardner, T.(2024.8.26). How AI is transforming traditional surveillance systems, https://vlinkinfo.com/blog/how-ai-is-transforming-traditional-surveillance-systems/

Hartman, K.(2024.1.17). How the potential for and application of generative AI can impact security technology in 2024, https://surveillancesecure.com/how-the-potential-for-and-application-of-generative-ai-can-impact-security-tec

hnology-in-2024/
Lyon, D.(2022). Surveillance. *Internet Policy Review*, 11(4), pp.1-19.
Rojszczak, M.(2025). *Bulk surveillance, democracy and human rights law in Europe*. Routledge.

03
국가에 의한 감시와 인공지능

국가에 의한 감시는 안보, 테러 방지 등의 범죄 예방, 공공질서 유지, 법 집행 및 행정 효율화 등의 이유로 정당화되어 왔다. 사물 인터넷, 인공지능 등의 지능 정보 기술을 활용하면서 국가에 의한 감시의 범위와 효율성이 극적으로 확대되었다. 하지만 감시 역량의 증대가 프라이버시와 표현의 자유를 포함한 시민 자유에 중대한 위협이 된다는 우려 역시 커지고 있다.

AI와 난임 극복?

국가 감시의 특성과 기능

국가가 시민의 데이터를 수집하는 행위는 언제나 권력의 문제를 내포한다. 인구 센서스같이 국가 기관에 의해 행해지는 전수 조사는 과세와 징병 등 국가 운영에 기초 자료로 활용될 뿐 아니라 시민의 일상생활을 추적해 통제하는 효과적인 기제였다. 현대 사회에서 개인은 태어나기 이전부터 의료 정보가 수집되기 시작해 살아 있는 동안 국가에 의해 다양한 형태로 데이터 수집의 대상이 된다. 역사적으로 국가는 개인의 프라이버시를 침해하는 가장 위협적인 존재였다. 인신 구속과 같은 극단적인 형태에서부터 감청이나 도청, 미행이나 CCTV 등을 통한 감시, 지문, 홍채나 유전자 정보의 수집과 활용, 주민 등록증 같은 ID 카드의 강제적 사용, 인구 조사 같은 통계 조사 등은 대부분 국가에서 안전이나 행정적 필요라는 명목으로 국가에 의해 활용되던 감시 방법들이다(문상현, 2014).

'감시 국가(surveillance state)'는 국가가 통제를 유지하고, 법을 집행하며, 사회적 행동을 관리하기 위해 첨단 기술 수단을 통해 시민들을 체계적으로 감시하는 형태의 통치를 의미한다. 절차, 범위와 정도에 대한 대중적 우려에도 불구하고 국가에 의한 감시는 불가피하고 순

기능적인 경우도 많다. 일반적으로 국가에 의한 감시는 국가 안보, 테러 방지 등의 범죄 예방, 공공질서 유지, 법 집행 및 행정 효율화, 데이터 수집 등의 다양한 이유로 정당화되어 왔다(DSouza, 2019). 국가 감시의 중요한 기능을 살펴보면 다음과 같다.

첫째, 국가 감시는 행정과 국가 안보에서 관리와 통제 기능을 수행한다. 행정에서는 국가가 복지 및 의료 서비스의 분배를 관리하고, 과세 및 공공 서비스를 운용하며, 공공질서를 유지하는 데 기여한다. 국가 안보 측면에서는 범죄와 테러를 예방하고 탐지하며, 국가의 핵심 기반 시설을 보호하고, 국가 안보에 대한 잠재적 위협을 모니터링하는 역할을 수행한다.

둘째, 감시는 정부의 데이터 기반 거버넌스를 가능케 한다. 지능 정보 기술의 활용으로 데이터 수집 및 활용 역량이 증대하면서 이러한 기능은 더욱 확대되고 중요해지고 있다. 여기에는 시민의 상세 정보와 활동에 대한 포괄적인 데이터베이스를 구축하고, 이를 기반으로 시민의 행동 패턴을 범주화하고 식별하기 위한 예측 분석이 포함된다. 또한 감시 데이터를 기반으로 일종의 시민 프로필 또는 데이터 더블(data double)을 생성해 공공 기관의 의사 결정을 뒷받침하거나 알고리즘 기반의 (자동화된) 정책 결정을 하는 것도 국가 감시의 중요한 기능이다.

셋째, 국가에 의한 감시는 권력을 유지하는 데 기여한다. 국가는 경찰, 군대 등의 억압적 국가 기구뿐 아니라 감시 기술과 권한도 배타적으로 소유한다. 그리고 이러한 도구들을 자신의 권력을 유지 · 재생산하는 데 적극적으로 활용한다. 국가는 사전적이고 선제적인 감시 전략을 실행하고, 권력에 대한 위협을 최소화하기 위해 일종의 '불안 관리 시스템'을 구축한다. 감시 국가는 이를 활용하여 제러미 벤담(Jeremy Bentham)이 주장한 패놉티콘과 유사한 사회 구조를 형성한다(DSouza, 2019). 이는 시민들이 지속적인 감시를 받지 않더라도 감시의 가능성을 인지해 스스로 행동을 규율하게 만드는 효과를 초래한다.

인공지능과 국가 감시 역량의 증대

사물 인터넷(internet of things: IoT), 인공지능 등의 지능 정보 기술을 활용하면서 국가에 의한 감시의 범위와 효율성이 극적으로 확대되었다. 하지만 감시 역량의 증대가 프라이버시와 표현의 자유를 포함한 시민 자유에 중대한 위협이 된다는 우려 역시 커지고 있다. 제롬 두버리(Jérôme Duberry)는 인공지능 기술이 국가에 의한 감시에 가져온 변화를 다음과 같이 설명한다(Duberry, 2022: 107-109).

첫째, 데이터 수집 및 분석 능력이 크게 향상되었다. AI 기술을 통해 국가는 방대한 양의 데이터를 더욱 효율적으로 수집하고 분석할 수 있게 된 것이다. 여기에는 소셜 미디어 플랫폼과 같은 다양한 출처의 데이터를 처리하는 기계 학습 알고리즘의 활용이 포함되며, 이는 잠재적 위협을 식별하고 여론을 모니터링하는 데 도움이 된다.

둘째, 국가 안보, 치안 유지, 재정 운용, 보건 등 다양한 공공 분야에서 예측 모델링이 가능해졌다. AI 기반 예측 모델은 특히 공중 보건 분야에서 행동 패턴과 감염률을 분석하는 데 효과적으로 사용된다. 이를 통해 국가는 향후 발생할 수 있는 감염병의 확산을 예측하고 선제적 조치를 실행함으로써 위기 대응 능력을 향상할 수 있다.

셋째, 국가는 감시 목적으로 디지털 플랫폼 같은 민간 기업이 개발한 AI 도구를 점점 더 많이 활용하고 있다. 이러한 통합으로 더욱 정교한 프로파일링과 분석이 가능해졌다.

넷째, 광범위한 모니터링을 가능케 함으로써, 대규모

감시 역량을 극대화했다.

인공지능 기반 감시 시스템은 국가가 교육, 보건, 운송, 치안 및 사법 등 다양한 공공 분야에서 기존 서비스를 향상하고 서비스 대상자들의 필요와 특성에 최적화된 맞춤형 서비스를 제공하는 데 기여할 것이다(이호영 외, 2020). 실시간 분석을 통해 행정 지연 문제를 해결하고, 공공 부문에 존재하는 부정부패와 낭비 요소를 감시함으로써 국가 행정에 대한 신뢰를 제고하는 데도 기여할 수 있다. 불법 자금 세탁, 주가 조작, 신용카드 사기 같은 지능형 범죄 행태를 분석하고 방어 조치를 자동화함으로써 정교한 보안 위협으로부터 사회 인프라 보호도 가능하다.

예측 치안이라고 불리는 범죄 예측 시스템은 인공지능 기술을 활용한 국가의 감시 중 가장 널리 알려진 유형이다. 미국의 콤파스(COMPAS: correctional offender management profiling for alternative sanctions)가 대표적인데, 유사 범죄를 기록한 인물들과 그들의 데이터를 분석해서 재범 가능성을 계량화하는 프로그램이다. 형사 재판에서 피고인의 재범률을 숫자로 결정해 판사에게 제공함으로써 형량 및 가석방을 결정하는 보조 자료로 사용한다(이희옥, 2020).

예측 치안은 범죄가 발생할 가능성이 높은 시간 및 장소, 사건 등을 예측하거나 범죄의 피해자 혹은 가해자가 될 가능성이 높은 개인을 특정하는 방식으로 이루어진다. 예측 치안은 기본적으로 데이터 수집, 분석 및 예측, 경찰 개입, 표적 반응(target response)의 단계로 이루어진다(주현경 · 정채연, 2020). 수집된 데이터를 토대로 미래의 범죄 예측을 위한 분석이 이루어지고, 시간 및 자원 등 인력의 배치와 관련된 의사 결정을 바탕으로 경찰 행정이 개입한다(최정일, 2020). 인공지능 기술은 단순히 주어진 정보를 분석하는 것이 아니라 패턴 분석을 통해 유의미한 데이터를 수사 기관에 제공해 준다. 그러나 예측 치안 시스템은 시민의 프라이버시 침해, 특정 개인과 집단에 대한 편향을 강화하고 일종의 사회적 낙인찍기라는 비판도 많다.

인공지능 기술은 민주적 의사 결정에 필요한 정보와 여론을 더욱 효율적으로 검색하고 접근할 수 있게 해 줌으로써, 정치 참여를 이끌고 민주적 의사 결정의 대표성을 높이는 데 이바지할 수 있다. 반면에 정치적인 반대자들을 확인 · 식별하는 적대적 감시의 도구로 쓰일 경우 민주주의를 억압할 가능성도 있다. 지능 정보 기술을 활용해 개인의 행동 데이터가 대량으로 수집되고 그에 기반한 표적화와 행동 예측이 가능해지면서, 이러한 감시 기술을 정치 캠페인에 활용하려는 시도가 이루어져 왔다. 플랫폼에서 수집된 행동 데이터들과 개인 정보를 결합하면 해당 개인의 정치적 성향과 참여 수준, 투표 의사 등을 분석하고 예측하는 게 가능하기 때문이다. 더욱 중요한 사실은 이러한 분석과 예측이 개인 수준에서 가능하다는 점이다.

소위 유권자의 '미시 표적화(micro-targeting of the voter)'라 불리는 데이터 활용 전략은 버락 오바마 대통령이 선거 캠페인 과정에 도입해 많은 주목을 받았다. 더 큰 논란을 불러일으킨 것은 도널드 트럼프의 2016년 대통령 선거 캠페인에서 벌어진 '캠브리지 아날리티카(Cambridge Analytica) 스캔들'이다. 영국의 데이터 분석 업체인 캠브리지 아날리티카가 페이스북 이용자들의 개인 정보를 불법적으로 활용해 트럼프의 대선 캠페인을 도왔던 사건이다. 이처럼 지능 정보 기술을 활용한 정치적 감시는 가능성의 수준을 넘어서 실제 활용되는 수준에 이르렀고, 이는 민주주의에 큰 위협이 되고 있다.

참고문헌

문상현(2014). 소셜 미디어와 문화 생산/소비의 변화. 김상배 · 황주성

편, 『소셜 미디어 시대를 읽다』(102-130쪽). 한울아카데미.
이호영 외(2020). 『알고리즘 데이터 이용의 사회문화적 영향』. 방송통신위원회.
이희옥(2020). 인공지능의 의사결정에 대응한 자기결정권의 보장에 관한 연구. 한양대학교 박사 학위 논문.
주현경 · 정채연(2020). 범죄예측 및 형사사법절차에서 알고리즘 편향성 문제와 인공지능의 활용을 위한 규범 설계. ≪법학논총≫, 27(1), 115-162쪽.
최정일(2020). 빅 데이터 분석을 기반으로 하는 첨단과학기법의 현황과 한계: 범죄예방과 수사의 측면에서. ≪법학연구≫, 20(1), 57-77쪽.
DSouza, R.(2019). The surveillance state: A composition in four movements. In A. Choudry(Ed.), *Activists and the surveillance state: Learning from repression*(pp.23-52). Pluto Press.
Duberry, J.(2022). *Artificial intelligence and democracy: Risks and promises of AI-mediated citizen-government relations.* Edward Elgar Publishing.

04
민간 부문의 감시와 인공지능

민간 기업에 의한 광범위한 개인 데이터 수집과 활용은 명백한 데이터 감시다. 인공지능은 민간 기업의 데이터 감시를 극단적으로 효율화하고 고도화했다. 산업적 요구와 경제적 유용성에도 불구하고 인공지능을 활용한 민간 기업의 데이터 감시는 프라이버시 침해, 정보 비대칭, 집단 극화, 편향과 차별을 초래한다.

AI와 사주?

데이터 경제와 이용자 데이터의 가치

경제학에서 전통적으로 이야기하던 생산의 3요소는 토지, 노동, 자본이었지만 지능 정보 사회에서 데이터가 갖는 생산적 가치는 이들을 뛰어넘는다. '데이터 경제(data economy)'라는 용어도 생겼는데 이는 자본주의 경제의 구조적 변환을 압축적으로 상징하는 표현으로, 데이터 활용이 새로운 제품과 서비스 개발로 이어져 기업 및 국가의 산업을 발전시키고 가치를 창출하는 데 핵심적인 역할을 하는 경제를 말한다.

유럽 연합 집행 위원회(European Commission)는 데이터 경제를 "데이터 접근과 활용을 보장하기 위해 협업하는 다양한 유형의 시장 행위자들로 구성된 생태계"라고 정의한다(European Commission, 2017: 2). 한편, 국내에서는 2019년 정부 관계부처합동이 발표한 『데이터 · AI 경제 활성화 계획』에서 데이터 · AI 경제를 "데이터를 기반으로 인공지능기술을 활용하는 인프라를 구축하여 새로운 제품과 서비스를 창출하는 경제"라고 정의했다(관계부처합동, 2019).

데이터 경제하에서는 데이터를 기반으로 새로운 재화와 서비스를 제공하고, 데이터 활용을 통해 가치 사슬 단계에서 생산성 및 효율성을 제고하며, 상품과 서비스 질

향상을 통해 경제적 가치를 창출할 수 있다. 즉, 데이터 경제에서 데이터는 그 자체가 상품으로 유통되는 하나의 재화인 동시에, 디지털 세계에서 제품과 서비스를 제공하기 위한 생산 요소의 성격을 갖는다(강준모 외, 2020). 데이터 경제로의 전환이 빠르게 진행되면서 기업이 데이터를 활용해 얻을 수 있는 경제적 이득 역시 다양해지고 있다.

첫째, 기업은 데이터 자체를 상품화해서 직접적인 수익을 얻을 수 있다. 타깃 광고를 제공하거나 익명 처리를 한 수집 데이터 세트를 제 3자에게 판매할 수 있다. 둘째, 데이터로부터 얻은 통찰을 상품 · 서비스, 생산 공정 및 비즈니스 모델 혁신에 활용할 수 있다. 데이터는 기업이 신규 시장을 선점해서 독점적 이윤을 얻거나 소비자의 충족되지 않은 욕구(unmet needs)에 부응하는 상품 · 서비스를 개발하는 데 기여할 수 있다.

셋째, 생산 과정을 효율화하고 낭비를 최소화하며 자원 할당을 최적화함으로써 기업의 운영 비용을 절감하는 데 활용할 수 있다. 넷째, 기업의 의사 결정 과정을 자동화하거나 효율화하여 이윤을 확대하고 위험을 최소화하는 데 기여할 수 있다. 이 과정에 빅 데이터를 분석해서 얻은 인사이트가 크게 기여한다.

다섯째, 데이터 중요성이 커지면서 새로운 데이터 관련 시장이 창출되는 이득도 있다. 데이터 분석 서비스나 데이터 중개 등이 대표적인 사례다. 새로운 시장이 창출되면 일자리도 늘어난다. 따라서 신규 고용을 만들어 내는 효과도 있다. 여섯째, 데이터 경제에서 데이터 활용 역량은 그 자체가 기업의 경쟁 우위 요소다. 개인화와 맞춤형 서비스가 시장의 핵심 트렌드인 상황에서 이용자 데이터는 핵심 경쟁력이기 때문이다.

인공지능 기반 데이터 감시의 사회 문화적 함의

알고리즘, 빅 데이터, 인공지능 등 지능 정보 기술은 '데이터화(datafication)'를 통해 경제뿐 아니라 정치, 사회, 문화 등 사회 전반을 작동하고 있으며, 그 과정에서 사회의 성장 동력으로서 데이터의 경제적 중요성이 커지고 있다. 데이터화는 "정량화(quantification)를 통해 인간의 삶을 데이터로 변환하는 과정과 데이터로부터 다양한 유형의 가치를 만드는 과정의 결합"이다(Mejias & Couldry, 2019: 3).

국가 차원의 디지털 전환 정책 및 지원안에서 데이터는 시장 경쟁에서 비교 우위를 가능하게 하는 핵심 자원이 되었고 이른바 빅 테크 기업으로 성장한 플랫폼 기업들은 그들이 보유하고 있던 이용자들의 인구 통계학적 정보와 미디어 이용 행태를 수집·활용·가공·분석하여 상업적으로 이용하고 있다. 이 과정에서 이용자 데이터의 범위 역시 이용자가 사업자에게 직접 제공하는 개인 데이터뿐 아니라 다양한 온라인 매체나 플랫폼 및 광고를 이용할 때 생성되는 행태 데이터로까지 점차 확대되고 있다.

데이터의 확보는 맞춤형 서비스 및 그 밖의 알고리즘 기반 서비스를 제공할 수 있는 핵심 자원인데 이를 위해서는 이전에 비해 광범위하고 상시적인 개인 데이터 수집을 요구한다. 개인 데이터 수집은 정책적인 규제 및 보호의 영역이었는데 사회 여러 영역에서 지능 정보 기술의 가용 범위가 확대되면서 이용자 데이터 수집의 범위 역시 넓어지고 있다.

디지털 플랫폼을 비롯한 민간 기업에 의한 광범위한 개인 데이터 수집과 활용은 명백한 데이터 감시다. 빅 데이터, 알고리즘, 인공지능 등 지능 정보 기술은 기존 정보 통신 기술을 활용한 민간 기업의 데이터 감시를 극단적으로 효율화하고 고도화했다. 산업적 요구와 경제적 유용성에도 불구하고 인공지능을 활용한 민간 기업의 데이터 감시는 사회 문화적 측면에서 여러 가지 우려를

낳고 있다(문상현, 2022).

지능 정보 기술의 발전은 개인 정보의 자기 결정권으로서 프라이버시에 큰 영향을 미치게 된다. 이전에는 수집과 분석의 대상도 아니었고 개인 정보로 여겨지지 않았던 정보가 수집과 분석의 대상이 되기 때문이다. 지능 정보 기술은 데이터를 대규모로 수집하는 차원을 넘어 상업적 활용이 가능한 예측 데이터를 만들어 낸다. 프라이버시 침해는 과도한 데이터 수집 과정에서뿐만 아니라 수집된 데이터를 알고리즘 기술을 통해 분석한 후 그 결과물을 상업적으로 활용하는 과정에서도 발생한다.

민간 기업은 분석한 데이터를 상품 및 서비스 사업자에게 판매하거나 타깃 광고(target advertising)로 활용하기도 한다. 민간 기업은 소비자의 미래 행동, 취향, 선호 등을 예측해 기업이 원하는 행동을 유도하려고 한다. 데이터 기반의 개인 타깃 광고는 전통적인 광고의 한계를 극복하는 데 효과적이라는 평가를 받고 있다. 하지만 광고 효과 여부와 상관없이 소비자는 자신의 취향과 선호, 온라인상 활동이 상품 광고를 위해 추적되고 있다는 사실 때문에 불편함을 느낄 수밖에 없다.

민간 기업과 소비자 사이에 존재하는 상당한 정도의 정보 비대칭도 문제다. 기업은 소비자 데이터를 대량으로 수집하고 이를 분석해 소비자의 미래 행동을 예측할 수 있을 정도로 소비자에 대해 속속들이 아는 데 반해, 소비자는 기업의 상품이나 서비스가 어떻게 생산되고 제공되는지 거의 알기 어렵다. 특히 기업이 데이터 분석과 상품화에 사용하는 알고리즘의 불투명성과 비밀성은 정보 비대칭을 심화하는 주요한 원인이다. 기업이 소비자 데이터를 상품화해 또 다른 기업에 판매하고, 해당 기업은 이를 활용해 소비자에게 자신의 상품과 서비스를 광고하거나 판매한다는 사실을 고려해 보면 소비자는 데이터 수집 및 구매 기업과의 거래 관계에서 모두 정보 비대칭 상황에 처하게 된다.

민간 기업은 일종의 자동화된 규칙 체계인 알고리즘을 수집된 데이터를 가공해서 원하는 결과를 얻는 데 활용한다. 맞춤형 상품 및 서비스 제공을 위한 개인화는 알고리즘을 활용한 큐레이션을 통해서 구현된다. 넷플릭스, 유튜브, 스포티파이 등의 디지털 미디어 플랫폼에서 제공하는 추천 서비스는 대표적인 알고리즘 큐레이션의 유형이다. 알고리즘을 활용한 큐레이션은 맞춤형 콘텐츠의 제공이라는 이점에도 불구하고 콘텐츠 소비의 다양성을 제약한다는 비판을 받아 왔다. 특히 뉴스 큐레이션이 필터 버블(filter bubble: 디지털 플랫폼에서 개인화

알고리즘에 의해 사용자가 특정 정보에만 노출되고 다양한 관점의 정보를 차단당하는 현상), 에코 체임버(echo chamber: 자신의 가치관과 다르거나 반대되는 관점을 차단하고, 스스로 선호하는 관점만을 반복적으로 수용하고 소비하는 현상) 등을 초래하고 확증 편향(confirmation bias)을 강화해 사회 내 갈등과 집단 극화의 원인이 된다는 지적이 많다. 이로 인해 온라인을 통해 유포·확산하는 허위 정보 및 '가짜 뉴스'로 인한 사회적 갈등과 대립에 대해 디지털 플랫폼에 책임을 물어야 한다는 비판도 많다.

알고리즘 사용에 따른 편향, 차별의 문제는 민간 기업뿐 아니라 의료, 치안, 금융, 행정, 사법 등 알고리즘 기반 자동화된 의사 결정 시스템을 도입한 대부분 분야에서 발생하고 있다. 정부든 민간 기업이든 상관없이 인공지능 기술을 통한 데이터 수집과 활용에 대해 윤리와 책무성을 요구하고 이를 제도화해야 한다는 의견이 높아지는 이유다. 선진국을 중심으로 기업의 데이터 감시가 사회 문화적 가치와 다원성을 위협하지 않도록 법안 제정에 앞다투어 나서는 것도 이 때문이다.

참고문헌

강준모 외(2020). 『데이터 경제 시대에 부응하는 경제규제법제 개선방안 연구』. 정보통신정책연구원.

관계부처합동(2019.1.16). 『데이터 · AI 경제 활성화 계획』. 관계부처합동.

문상현(2022). 『플랫폼 사회』. 커뮤니케이션북스.

European Commission(2017). Communication from the commission to the European parliament, the council, the European economic and social committee and the committee of the regions "Building a European Data Economy". COM(2017) 9 final. Brussels, 10.1.2017.

Mejias, U. A. & Couldry, N.(2019). Datafication. *Internet Policy Review*, 8(4), pp.1-10.

05
디지털 플랫폼과 데이터 감시

디지털 플랫폼은 알고리즘이라 불리는 사전 결정된 규칙과 프로그래밍에 의해 플랫폼에서의 이용자 행동을 통제하는 시스템이다. 개인의 모든 일상적 삶과 행동을 추적해 데이터로 변환하고 알고리즘 기술을 활용해 거래할 수 있는 상품으로 전환하는 동시에, 이를 통해 개인의 미래 행동을 예측하는 플랫폼 메커니즘은 명백한 감시의 유형이다.

AI와 아이돌?

디지털 플랫폼과 데이터화

디지털 플랫폼은 알고리즘이라 불리는 사전 결정된 규칙과 프로그래밍에 의해 플랫폼에서의 이용자 행동을 통제하는 시스템이다. 특히 알고리즘 기반의 자동화된 의사 결정 시스템은 플랫폼의 핵심 특성이다. 플랫폼 기업의 데이터 관련 활동을 지칭하는 데이터화는 플랫폼의 생산 과정, 기능, 의사 결정의 자동화와 직결된다.

데이터화는 알고리즘 기술과 분리해서 사고할 수 없다. 알고리즘에 의한 자동화된 의사 결정은 대량 수집된 데이터가 없다면 불가능하기 때문이다. 알고리즘의 효과성은 계산 처리하는 데이터 세트와 밀접하게 연관된다(Bunz, 2014). 데이터 규모가 커질수록 이를 활용하는 알고리즘의 질 역시 더욱 개선된다(Frey, 2019). 알고리즘 기반 자동화는 대규모의 신속한 의사 결정을 가능케 하므로 기업으로서는 경영 효율화를 위한 매력적인 옵션이 된다(Diakopoulos, 2019). 의사 결정을 자동화하기 위해서는 더 많은 데이터가 필요하므로 자동화와 데이터의 대량 수집은 양 과정을 서로 촉진하고 강화한다(Prodnik, 2021).

지능 정보 기술을 활용해 플랫폼 기업은 개인의 소비 양식, 정보 및 콘텐츠 이용 행태, 수입이나 직업, 문화적 관심과 취향, 가치관 및 성향, 행동 등에 관련된 다양한 개인 데이터를 수집한다. 예를 들면, 대표적 디지털 플랫폼인 소셜 미디어는 다음과 같은 데이터를 수집할 수 있다(Duberry, 2022: 105).

· 이용자에 대한 인구 통계 데이터: 이름, 주소, 이메일 주소, 성별, 나이 등
· 이용자의 소셜 미디어 계정에서 수집된 데이터: 네트워크의 연락처 및 친구들
· 이용자의 선호와 관심사에 대한 정보를 제공하는 설문 조사나 퀴즈
· 특정 메시지나 텍스트에 대한 이용자 반응에서 발생하는 행동 데이터
· 메타데이터(데이터에 대한 데이터, 예를 들어 메시지의 시간, 출처 및 목적지 등)

수집한 이용자와 이용자 행동에 관한 데이터는 이용자의 선호와 미래 행동을 예측해 개인화된 서비스를 제공하는 데 활용된다. 알고리즘과 빅 데이터는 데이터 기업으로 진화하는 플랫폼의 예측력을 정교화하고 고도화하는 핵심 기술이다.

개인의 모든 일상적 삶과 행동을 추적해 데이터로 변환하고 알고리즘 기술을 활용해 거래할 수 있는 상품으로 전환하는 동시에, 이를 통해 개인의 미래 행동을 예측하는 플랫폼 메커니즘은 명백한 감시의 유형이다. 플랫폼의 고도화된 데이터 수집과 활용을 일종의 개인 통제 시스템이라고 비판하는 이유다. 지능 정보 핵심 기술인 사물 인터넷(internet of things: IoT)과 수집된 데이터를 분석, 가공하는 알고리즘 기반 인공지능의 광범위한 활용으로 프라이버시 침해에 대한 사회적 우려가 커지고 있다.

이용자는 데이터 수집과 활용에 동의하지 않으면 플랫폼 사용과 그로 인한 혜택을 누릴 수 없으므로 자발적 공여에 동의하게 된다. 이는 플랫폼의 데이터 수집 및 상업적 활용에 면죄부를 주게 되고, 프라이버시 침해를 정당화하는 기제로 악용된다. 이에 따라 이용자는 프라이버시에 대한 우려에도 불구하고 자발적으로 혹은 무력하게 프라이버시 침해를 용인할 수밖에 없다. 사회 모든 부문에서 데이터 중심성에 대한 인식은 확산하는 반면, 법제는 기술 변화의 속도를 따라가지 못하면서 프라이버시 침해에 대한 제도적 대응은 더욱 어려워지고 있다.

이용자들은 플랫폼에 의한 데이터의 대량 수집과 악

용 가능성에 대해 매우 우려하지만, 이러한 감시가 안전이나 편이성 때문에 불가피하다거나 개인 차원에서 대응할 방법이 없다고 체념하는 모순적 태도를 보인다. 디지털 기기의 보급과 자동 추천 서비스의 확산으로 이용자는 정보를 찾는 데 드는 시간과 비용을 절약하고, 자신의 취향과 관심을 기반으로 제공되는 맞춤형 콘텐츠를 편하게 제공받게 되었다. 이용자들은 개인 정보의 수집과 활용이 이러한 편익에 대한 일종의 트레이드오프(trade-off)라고 인식하는 것이다.

개인 데이터 보호에 대한 필요를 인지하고도 문제 해결을 위한 행동에 나서지 못하고 체념하는 이유는 플랫폼 기업이 주도면밀하게 이를 유발하기 때문이라는 지적이 많다. 이용자들의 혼동과 체념을 조장하고자 플랫폼 기업이 혼란스러운 커뮤니케이션 전략을 사용하고 비밀주의(secrecy)를 유지한다는 것이다(Draper & Turow, 2019).

플랫폼이 수집한 데이터를 가공 · 분석해서 상품화하는 과정은 외부에 공개되지 않는다. 플랫폼 기업이 알고리즘 기술을 사적 자산이라고 간주할 뿐 아니라 운영 과정도 블랙박스(black box) 성격을 갖기 때문이다. 알고리즘의 사유재적 특성과 기술적 복잡성은 플랫폼의 데이터 수집 · 분석 및 상품화 과정에 대한 공적 감시를 어렵게 한다. 데이터 산업의 경쟁력을 높여야 한다는 여론 역시 정부가 플랫폼의 과도한 데이터 활용을 규제하는 데 장애가 된다.

알고리즘 사용에 따른 편향, 차별의 문제는 미디어를 비롯해 취업, 의료, 치안, 금융, 행정, 사법 등 알고리즘 기반 자동화된 의사 결정 시스템을 도입한 대부분 분야에서 광범위하게 발생하고 있다. 플랫폼과 인공지능 기술 개발 및 사용의 윤리와 책무성에 대한 사회적 요구가 높아지는 이유다. 지능 정보 기술 활용이 감시의 일상화와 차별을 통한 사회적 다원성의 위축으로 이어지지 않도록 자율 규제에 더해 제도적 견제 장치가 필요하다는 의견이 힘을 얻고 있다.

개인 데이터 수집, 처리, 활용 과정에서 발생하는 데이터 주체의 권리 침해를 방지하기 위해 윤리적 · 법적 의무를 명확히 하고, 데이터 주체의 권리를 명시적으로 보장하고 확대 · 강화해야 한다는 요구는 유럽을 포함한 많은 국가에서 데이터 보호의 법적 제도화로 이어졌다. 유럽 연합(EU)의 일반 데이터 보호 규정(general data protection regulation: GDPR)은 대표적 입법 사례다.

감시 사회와 디지털 플랫폼 비판

지능 정보 기술의 등장은 민간 기업에 의한 데이터 수집, 처리 및 이용에 획기적인 개선을 가능케 했다. 제한적이거나 일시적이었던 개인 데이터의 수집, 처리 및 이용은 온라인 상거래의 보편화와 소셜 미디어 등 플랫폼 서비스의 확산으로 일상화되었다. 기업 활동에서 개인화(personalization)와 맞춤형 마케팅(customized marketing)의 중요성이 커지면서 개인 데이터의 경제적 가치가 높아진 게 큰 원인이다. 빅 데이터(dig data), 알고리즘 등 인공지능 기술의 등장은 개인 데이터의 수집 · 처리 및 활용을 대량화 · 다양화 · 고도화했다. 데이터 수집과 상업적 활용은 플랫폼의 비즈니스 모델일 뿐 아니라 플랫폼의 정치 · 경제 · 사회 문화적 영향력을 가능케 하는 핵심 메커니즘이다.

비판적 학자들은 플랫폼의 과도한 데이터 수집과 상업적 활용을 비판한다. 이들은 지능 정보 사회의 본질은 플랫폼 자본주의(platform capitalism), 데이터 식민주의(data colonialism), 혹은 감시 자본주의라고 주장한다. 이들에 따르면, 데이터는 일종의 자본(capital)이 되고 있으며(Sadowski, 2019), 사람들의 행동을 감시하고 계량화된 형태의 데이터로 끊임없이 전환해 이를 상업적

용도로 활용해 이윤을 얻고 있다(Couldry & Mejias, 2019).

닉 서르닉(Nick Srnicek)은 데이터 추출과 분석 알고리즘에 기초한 가치의 새로운 추출 및 수탈 방식이 플랫폼 자본주의의 특징이라고 주장했다(Srnicek, 2016). 그에 따르면, 소위 '자산 가격 케인스주의'의 출현으로 디지털 경제의 기초가 형성되었으며, 이윤 생산의 장기적 하락과 제조업 부진으로 인한 자본주의 위기를 극복하기 위해 데이터에 주목했다(Srnicek, 2016). 그 결과 플랫폼은 데이터를 활용한 비즈니스 모델이자 이윤 창출의 기제가 되었고, 플랫폼 기업은 거대 독점 기업으로 성장했다.

닉 쿨드리(Nick Couldry)와 율리시스 메이아스(Ulises Mejias)는 지능 정보 사회에서 인간의 삶은 끊임없는 데이터 생산의 대상이 되고 이를 통해 특정한 이해 집단의 이익에 복무하게 되는 데이터 식민화(a mode of data colonialism)의 상황에 처하게 된다고 주장한다(Couldry & Mejias, 2019). 그들에 따르면, 데이터 식민화는 현 자본주의의 핵심적 특징이며 자본주의 발전의 동력에 의해 추진된 것이다(Couldry & Mejias, 2018).

쇼샤나 주보프(Shoshana Zuboff)는 감시 자본주의를 인간의 경험을 무료로 추출해 예측 · 판매로 이어지는 숨은 상업적 행위의 원재료로 이용하려는 새로운 경제 질서라 규정한다(Zuboff, 2019). 디지털 플랫폼 기업은 감시를 통해 이용자의 잉여적 행동 데이터를 수집하고, 이를 기업에 제공함으로써 수익을 창출한다. 따라서 인간은 기업에 정보를 제공하는 데 필요한 데이터를 생산하는 존재로 전락하게 된다.

이처럼 비판론자들에게 지능 정보 기술의 편익과 혜택은 인간의 존엄과 인권적 가치, 그리고 민주주의를 훼손하는 대가로 얻는 안락함과 편리함이자 우리의 삶에 대한 통제권을 넘겨주는 것에 지나지 않는다. 이들은 일상화된 데이터 수집과 상업적 활용에 주목하면서 데이터 기반의 지능 정보 사회가 감시와 차별을 조장하고, 사회적 다양성과 민주적 가치를 파괴하고 있다는 점에서 의견의 일치를 보인다.

참고문헌

Bunz, M.(2014). *The silent revolution: How digitalization transforms knowledge, work, journalism and politics without making too much noise.* Basingstoke: Palgrave.

Couldry, N. & Mejias, U.(2018). Data colonialism: Rethinking big data's relation to the contemporary subject. *Television and New Media*, 20(4), pp.336-349.

Couldry, N. & Mejias, U.(2019). *The costs of connection: How data is colonizing human life and appropriating it for capitalism.* Stanford University Press.

Diakopoulos, N.(2019). *Automating the news: How algorithms are rewriting the media.* Cambridge, Massachusetts: Harvard University Press.

Draper, N. A. & Turow, J.(2019). The corporate cultivation of digital resignation. *New Media & Society*, 21(8), pp.1824-1839.

Duberry, J.(2022). *Artificial intelligence and democracy: Risks and promises of AI-mediated citizen-government relations.* Edward Elgar Publishing.

Frey, C.(2019). *The technology trap: Capital, labour and power in the age of automation.* Princeton University Press.

Mejias, U. A. & Couldry, N.(2019). Datafication. *Internet Policy Review*, 8(4), pp.1-10.

Prodnik, J.(2021). Algorithmic logic in digital capitalism. in P. Verdegem(Ed.). *AI for everyone? Critical perspectives*(pp.203-222). University of Westminster Press.

Sadowski, J.(2019). When data is capital: Datafication, accumulation, and extraction. *Big Data and Society*, 6(1), pp.1-12.

Srnicek, N.(2016). *Platform capitalism.* John Wiley & Sons.

Zuboff, S.(2019). *The age of surveillance capitalism.* Public Affairs. 김보영 옮김(2021). 『감시 자본주의 시대』. 문학사상.

06
소셜 미디어와 감시 문화

사회적 감시는 수평적이고 분산된 네트워크 내에서 개인들이 서로를 감시하고 영향을 미치는 방식으로 작동한다. 사회적 감시는 감시 문화의 일부로서, 감시가 단순히 위로부터 강요되는 것이 아니라 개인들이 서로 감시하고 감시받는 과정에 적극적으로 참여하는 방식으로 변화했다. 소셜 미디어는 사회적 감시에서 중요한 역할을 하며, 개인들이 상호 감시, 자기표현, 데이터 공유를 수행할 수 있는 플랫폼을 제공한다.

AI와 야구?

소셜 미디어와 사회적 감시

사회적 감시는 "소셜 미디어에 의해 일상화된 사회적 디지털화로 인해 두드러지게 된, 사람들이 자신의 주변 사람들에 대한 정보를 수집하는 지속적인 도청, 조사, 가십 및 탐문 활동"을 의미한다(Marwick, 2012: 382). 전통적인 감시는 위계 구조를 가진 조직, 즉 정부나 기업에 의해 주로 하향식(top-down)으로 이루어진다. 그러나 데이비드 라이언(David Lyon)이 주장한 것처럼, 현대 사회에서 감시는 다방향성(multi-directional)을 띤다(Lyon, 2024). 즉 국가 안보 기관에 의한 하향식 감시도 있지만, 시위 군중이 경찰을 감시하는 것처럼 상향식 감시도 있다(Mann, et al., 2003).

반면 사회적 감시는 수평적이고 분산된 네트워크 내에서 개인들이 서로를 감시하고 영향을 미치는 방식으로 작동한다. 한편 '피어 감시(peer surveillance)'는 사회적 감시의 하위 범주로, 디지털 플랫폼을 매개로 개인 간 직접적인 감시를 특징으로 한다. 마크 안드레예비치(Mark Andrejevic)는 이를 네트워크 환경에서 행동 규범을 강화하거나 인지된 위험을 완화하기 위한 동료 간의 전략적 관찰이라고 정의한다(Andrejevic, 2005). 이는 중앙 권력이 없이 수평적으로 작동하며, 위치 추적, 소셜 미디어 모니터링, 디지털 평판 관리 등의 활동을 포함한다.

라이언은 사회적 감시를 감시 문화의 일부로 개념화하며, 감시가 단순히 위로부터 강요되는 것이 아니라 개인들이 서로 감시하고 감시받는 과정에 적극적으로 '참여하는' 방식으로 변화했다고 설명한다(Lyon, 2024). 안데르스 알브레히츠룬드(Anders Albrechtslund) 역시 현대 감시가 점점 더 참여적으로 변하고 있으며, 개인들이 자발적으로 자신을 노출하고 타인을 감시하는 방식으로 발전하고 있다고 주장한다(Albrechtslund, 2008).

소셜 미디어는 사회적 감시에서 중요한 역할을 하며, 개인들이 상호 감시, 자기표현, 데이터 공유를 수행할 수 있는 플랫폼을 제공한다. 소셜 미디어에서 일반적인 상태 업데이트, 라이브 스트리밍, 체크인, 스토리 기능 등은 사용자 간 실시간 감시를 장려하며, 서로의 활동을 관찰·추적하고 문서화할 수 있도록 한다. 특히 소셜 미디어의 알고리즘 구조는 이러한 감시 역학을 더욱 강화하고, 데이터 더블(data double)이나 온라인 프로필 등을 통한 자기 감시와 디지털 페르소나 조작을 부추긴다.

사회적 차원에서 감시를 인식하는 것은 개인의 온라인 정체성을 형성하는 방식에 변화를 초래할 수 있다. 사람들은 비난을 피하고자 논란이 될 만한 주제를 회피하거나, 사회적 기대에 부합하는 방식으로 행동을 자기 검열할 수 있다. 또한 온라인상에서 동질적인 집단과만 소통하게 만들어 다양한 관점을 접할 기회를 감소시키고 기존 신념을 강화하는 확증 편향과 필터 버블 현상을 초래한다.

개인의 모든 삶이 온라인상에서 공개되면서 공적 · 사적 공간의 경계가 흐려지고 있다. 과거에는 사적인 영역으로 여겨졌던 공간이나 내밀한 표현과 행동이 공개적으로 노출되는 일이 빈번해지고 있다. 이에 따라 사회적 상호 작용과 프라이버시에 대한 인식에 중요한 변화가 나타나고 있다. 프라이버시 침해에 대한 우려가 커지는 한편, 다양한 형태의 감시에 익숙해지면서 프라이버시 보호에 대한 기대는 약화되고 감시 수용도가 증가하는 것이다. 이러한 변화는 소셜 미디어상의 가시성(visibility)이 개인의 표현과 정체성 형성에 얼마나 큰 영향을 미치는지 잘 보여 준다.

감시 문화

라이언은 소셜 미디어, 알고리즘, 디지털 플랫폼 등의 확산이 감시에 대한 새로운 시각을 요구한다고 주장한다

(Lyon, 2018; 2024). 그는 기존 감시 국가와 감시 사회(surveillance society) 대신에 '감시 문화(surveillance culture)' 개념을 제안한다(문상현, 2022).

그는 빅 브라더(Big Brother)로서 감시 국가 개념이 경찰이나 정보기관에 의해 시민에 대한 감시가 폭력적이고 일상적으로 이루어졌던 전후 오웰리언(post-war Orwellian) 시기에는 적절했다고 주장한다. 당시에도 국가의 감시 활동은 일반 기업의 도움을 통해 이뤄졌지만, 현재처럼 지능 정보 기술을 통한 플랫폼의 대규모 데이터 수집 및 상업적 활용과는 규모와 방식에서 확연히 구분된다(Lyon, 2018). 여전히 국가 기구에 의한 감시가 일상적이지만 감시의 핵심 주체가 기업으로 바뀌었고, 감시가 감시 대상자인 이용자들의 적극적인 동의와 참여를 통해 이루어진다는 점은 근본적인 변화를 의미한다.

라이언(2018)은 감시 사회 개념이 국가 기구와 작업장 등 감시 행위가 발생하는 전통적 범위를 넘어 전 사회 영역으로 감시의 장을 확대했다고 평가한다. 그러나 감시 사회 개념 역시 감시가 국가와 기업 등 외부 주체에 의해 어떻게 발생하고 작동하는가에 주 관심이 있고, 감시 대상자가 감시를 어떻게 경험하고 적극적으로 그 과정에 관여 및 참여하는가에는 주목하지 않는다고 지적한다(Lyon, 2018: 13).

라이언(2018; 2024)은 감시 국가와 감시 사회의 문제의식을 공유하면서도 소셜 미디어나 디지털 플랫폼을 통해 감시 대상자들이 자발적으로 자신의 데이터를 공여 · 공유하는 한편, 소셜 미디어상에서 타인의 정보와 행동을 감시하고 추적하는 감시 주체(surveilling subject)로 기능하는 새로운 변화를 담아내는 관점이 필요하다고 주장한다. 그에 따르면, 현대 사회에서 타인을 주시(watching)하는 것은 일상적인 행위가 되었다(Lyon, 2024). 마케터, 경찰, 보안 기관뿐 아니라 개인 역시 소셜 미디어와 디지털 플랫폼을 통해 서로를 감시하는 것이다.

소셜 미디어에서 타인의 프로필이나 게시물을 확인하는 행위는 기업이 직원을 감시하거나 정부가 범죄 예방을 위해 잠재적 범죄자를 주시하는 것과 본질적으로 다르지 않다는 게 그의 주장이다. 즉, 지능 정보 사회에서 감시는 일종의 삶의 양식, 즉 문화가 되었다(Lyon, 2018). 이제 감시는 "단순히 외부에서 우리의 삶을 침해하는 외적인 어떤 것만이 아니라, 일상의 삶을 살아가는 시민들이 기꺼이 혹은 마지못해 순응하고, 타협하며, 저

항하고, 관여하고, 심지어 스스로 수행하고 열망하는 일이 되었다."(Lyon, 2018: 9)

감시 문화에서 소셜 미디어 사용자들은 감시의 잠재적 위험성을 인지하면서도 동시에 자신의 모습을 드러내 보여 주고 싶어 하는 역설적 경향을 보인다. 사실 소셜 미디어 등장 이전에도 웹캠을 통해 이러한 현상은 존재했다. 웹캠 사용 행동에 관한 연구에서 힐레 코스켈라(Hille Koskela)는 이를 '권능화하는 과시/노출증(empowering exhibitionism)'이라고 지칭했다(Koskela, 2004). 이 현상은 개인적 해방, 자기표현, 이미지에 대한 통제력 회복의 수단으로 자신의 삶이나 신체의 내밀한 측면을 의도적으로 드러내는 행위를 의미한다. 같은 맥락에서 버나드 하코트(Bernard Harcourt)도 우리가 '노출(exposure)과 전시(exhibition)의 사회'에서 살아가고 있다고 주장한다(Harcourt, 2015). 그는 이러한 사회의 특성으로 거울 달린 유리관(glass pavilion)의 건축 구조를 들고 있는데, 사람들은 그 속에서 타인에게 훤히 보일 뿐 아니라, 놀고 탐험하며 셀카나 타인의 사진을 찍는 행동들을 한다(Harcourt, 2015: 107). 즉 감시가 편재적이고 자발적인 사회적 실천이 되면서 일종의 삶의 양식이자 환경이 되어버린 것이다.

참고문헌

문상현(2022). 『플랫폼 사회』. 커뮤니케이션북스.

Albrechtslund, A.(2008). Online social networking as participatory surveillance. *First Monday*, 13(3), http://www.uic.edu/htbin/cgiwrap/bin/ojs/index.php/fm/article/view/2142/1949

Andrejevic, M.(2005). The work of watching one another: Lateral surveillance, risk, and governance. *Surveillance & Society*, 2(4), pp.479-497.

Harcourt, B.(2015). *Exposed: Desire and disobedience in the digital age*. Harvard University Press.

Koskela, H.(2004). Webcams, TV shows and mobile phones: Empowering exhibitionism. *Surveillance & Society*, 2(2/3), pp.199-215.

Lyon, D.(2001). *Surveillance society: Monitoring everyday life*. Milton Keynes: Open University Press.

Lyon, D.(2007). *Surveillance studies: An overview*. Cambridge, UK: Polity.

Lyon, D.(2018). *The culture of surveillance: Watching as a way of life*. Polity.

Lyon, D.(2024). *Surveillance: A very short introduction*. OUP Oxford.

Mann, S., et al.(2003). Sousveillance: Inventing and using wearable computing devices for data collection in surveillance environments. *Surveillance and Society*, 1(3), pp.331-355.

Marwick, A.(2012). The public domain: Surveillance in everyday life. *Surveillance & Society*, 9(4), pp.378-393.

07
인공지능과 자기 감시

정량화된 자아는 자기 추적과 계량화를 일종의 문화 현상으로 만들고 있으며, 이는 자기 책임화라는 신자유주의적 규율 권력이 작동하는 방식이다. 또한 온라인상 개인 프로필은 개인이 자신을 추적하고 관리하는 수단이자, 실제 개인이 아닌 선택적이고 의도적인 큐레이션 행위의 결과물이다. 이러한 자기 감시 행위는 디지털 플랫폼이 선호하는 규칙하에서 이루어진다는 점에서 데이터 감시의 결과다.

AI와 운동주?

정량화된 자아와 자기 추적

스마트워치, 피트니스 측정 장치 등 다양한 웨어러블 기기의 등장으로 일상 활동을 넘어 수면, 심장 박동, 혈압 등의 신체 건강이나 기분 등의 심리 상태까지 데이터화하는 것이 가능해졌다. 소위 '자기 추적 기술(self-tracking technologies)'의 발전은 개인 데이터의 수집과 활용을 과거에는 알 수도, 측정할 수도 없었던 영역까지 확대했다. 특히 자기 추적 기기를 통한 데이터 수집은 이용자 개인의 자발적이고 적극적인 참여를 통해 이루어진다는 점에서 더욱 중요한 함의를 갖는다.

'정량화된 자아(quantified self)'는 "개인의 일상 활동에서 신체적 · 정신적 상태를 감지(sensing) 및 추적하여 이를 수치화함으로써 자신의 상태를 분석하고 삶의 질을 개선하려는 방법을 연구하여 실생활에 적용하는 활동을 의미한다"(박준석 외, 2015: 1). '수치화를 통한 자기 지식(self-knowledge through numbers)'은 정량화된 자아 개념의 핵심이며, 이는 데이터화를 통해 인간 삶의 개선을 추구한다는 목적을 전제한다. 정량화된 자아는 자기 추적과 계량화를 일종의 문화 현상으로 만들고 있으며, 이는 모든 것이 데이터로 전환되어 활용되는 지능정보 사회의 뚜렷한 징후다.

다양한 자기 추적 기기 및 소프트웨어의 확산으로 정량화된 자아는 조직화를 거쳐 운동(movement)으로 발전하고 있다. 자기 측정과 계량화를 개인의 일상적 실천으로 조직화하는 '정량화된 자아 운동(quantified self movement)'은 2007년 잡지 ≪와이어드(Wired)≫의 편집자 게리 울프(Gary Wolf)와 케빈 켈리(Kevin Kelly)에 의해 비롯되었다. 샌프란시스코에서 시작된 운동은 전 세계 수백 개 밋업(Meetup) 그룹으로 규모가 확대되었다. 이 운동은 자기 추적 기술을 통해 적절한 데이터를 수집하면 개인을 정확히 요약할 수 있으며 개인의 신체적·심리적·정신적 상태를 측정할 수 있다고 주장한다.

최근 애플리케이션에서는 웨어러블 전자 제품, 바이오센서, 휴대폰, 게놈 데이터 및 클라우드 등에서 자체 트래킹 데이터 스트림을 집계하는 도구들을 활용하고 있다. 정량화된 자아의 최근 사례를 살펴보면 몇 가지 특징을 발견할 수 있다.

첫째, 기능적 통합이 가속화하고 있다. 건강, 보건 분야는 정량화된 자아를 가장 직접적·명시적으로 적용해 온 분야로서, 스마트 밴드와 워치 등을 통해 신체 활동 추적이나 체중, 체온, 칼로리 소모량, 근육량, 체질량 지

수(body mass index: BMI) 등의 신진대사 데이터 트래킹을 제공하고 있다. 최근 자기 추적 서비스는 인공지능, 알고리즘 기술과 사물 인터넷(internet of things: IoT), 모션 센서 등 지능 정보 기술이 접목되어 실시간으로 데이터를 트래킹할 수 있고, 이를 기반으로 다양한 데이터 분석 및 솔루션을 제공하는 데까지 확장되고 있다.

둘째, 노동 분야의 자기 추적 장치는 보상을 제공하는 인센티브형과 벌금을 부과하는 페널티형으로 구분되며, 노동 효율성을 증진하기 위해 피로도 개선과 감정 데이터를 수집하는 데로 확대되고 있다. 대체로 자기 추적은 보상 체계로서 게이미피케이션 요소를 도입하고 있는데, 특히 교육 분야와 일상생활의 자기 추적에서 두드러진다.

마지막으로, 자기 추적은 자아에 대한 지식을 데이터베이스화해 데이터 정렬을 통해 정의할 수 있도록 하고, 이는 소비를 통해 자아 정체성을 표현하도록 유도한다.

정량화된 자아에 대한 비판 역시 다양하게 이루어졌다. 무엇보다 자기 추적을 통해 수집된 양적 데이터의 총합이 개인에 대한 완전한 요약이나 구현이 될 수 있는가에 대한 의문이 제기되었다. 즉, 인간 활동의 맥락이 제거된 단순한 양적 데이터만으로는 복잡한 인간의 실천을 적절히 설명할 수 없다는 지적이다. 또한 개인이 자발적으로 측정한 데이터를 수집해 활용하는 플랫폼이나 자기 추적 장치 개발 기업들의 상업적 의도에 대한 비판도 많다.

자기 추적의 사회적 함의에 대한 비판적 논의도 이루어졌다. 데버라 럽튼(Deborah Lupton)은 푸코의 자기애(selfhood), 통치성(governmentality), 생체 정치 개념을 통해 정량화된 자아를 신자유주의적 규율 권력의 작동과 연결한다(Lupton, 2016). 현대 서구 사회에서 자아 관리는 국가나 남이 대신 해 줄 수 없는 개인의 책무이며, 이러한 윤리적 의무를 다하는 자가 '좋은 시민'이라는 규범적 인식이 뿌리 깊다(Foucault, 1986). 자아 관리는 비판적인 자기 성찰과 함께 자기에 관한 지식을 요구한다. 권력은 강제적인 방식이 아니라 개인이 스스로 수행하는 자기 규제와 경영을 통해 권력이 원하는 방식으로 행동하도록 만듦으로써 지배한다(Lupton, 2016).

자기 계발과 개인에 대한 집중을 강조함으로써 이들이 처한 계급, 성별, 인종, 지역 등의 사회 구조적 요인의 기능과 이로부터 발생하는 다양한 문제를 외면함으로써, 자기 추적은 곧 자기 책임화라는 신자유주의 담론을 강화하는 결과를 가져오게 된다. 정량화된 자아와 자기 추적은 이러한 신자유주의적 규율 권력이 작동하는 방식의 새로운 유형이라 볼 수 있다.

데이터 더블과 자기 관리

페이스북, 링크드인, 카카오톡, 인스타그램 등의 소셜 플랫폼은 인구 통계학적 정보, 인적 네트워크, 텍스트, 사진, 일상 활동 같은 개인에 관한 다양한 데이터가 생산되고 수집되는 공간이다. 느슨한 친소 관계나 특정한 목적에 따라 페친, 팔로워 같은 이름의 비대면적 관계가 발생하는 곳이기도 하다. 대면 관계에서 자신의 정보를 관계의 성격에 따라 공개하고 이를 통해 신뢰가 형성되듯이, 온라인상에서도 자신에 관한 정보를 공개하고 이를 기반으로 사회관계를 맺게 된다.

온라인상의 정보는 플랫폼이 정한 규칙에 따라 기본적으로 제공해야 하는 것들도 있지만, 이용자들이 온라인상의 인적 관계를 맺을 때 더 고려하는 정보는 해당 개인이 플랫폼상에 올린 사진, 영상이나 글 같은 활동 데이터들이다. 예를 들면, 특정한 정치적 입장을 가진 개인은 페이스북에서 친구 신청이 들어오면 상대방이 쓴 글이나 댓글 등을 보고 자신과 정치적 입장이 같은지를 확인한다. 이처럼 지능 정보 사회에서 개인의 정체성은 실제 현실에서보다 온라인상에서 자신이 남긴 데이터에 의해 구성된다.

흔히 '이용자 프로필(user profiles)'이라고 하는 개인에 관한 온라인상 데이터는 데이터화의 결과물이지만, 사실상 개인이 적극적으로 자신을 추적하고 관리하는 수단이기도 하다. 개인이 특정 플랫폼상에서 벌이는 활동은 자신이 어떤 정체성을 가진 사람인지를 드러내기 위한 목적을 갖기 때문이다. 인스타그램이나 페이스북, 틱톡 등에 업로드되는 글이나 사진, 영상 등을 보면 이를 쉽게 알 수 있다. 운동 영상, 명품 구매를 자랑하는 사진, 언박싱(unboxing) 영상, 정치적 의사 표현 등은 모두 취향, 가치관, 라이프 스타일 등을 드러냄으로써 자신이 어떤 사람인지를 드러내는 데이터다. 그리고 이러한 온라인상에서의 자아의 재현(representation of the self)은 실제 개인이 아닌 선택적이고 의도적인 큐레이션 행위의 결과물이다.

케빈 해거티(Kevin Haggerty)와 리처드 에릭슨(Richard Ericson)은 온라인상에서 디지털 프로필이 실제 개인을 대변하는 현상을 설명하기 위해 '데이터 더블(data double)' 개념을 제시했다(문상현, 2022). 이들에 따르면, 데이터 더블은 수많은 소스로부터 수집된 데이터에 근거해 개인의 정체성을 구성하는 온라인상 행위를 의미한다(Haggerty & Ericson, 2000). 디지털 프로필은 타인으로부터 주목받고 자신의 가치를 높이기 위해 개인이 적극적으로 수행하는 자기 관리의 결과물이라는 점에서 일종의 자기 상품화라는 지적을 받기도 한다(Bauman, 2007). 또한 이러한 자기 관리의 행위는 대부분 디지털 플랫폼이 선호하는 규칙하에서 이루어진다는 점에서 디지털 플랫폼에 의한 데이터 감시의 결과이기도 하다.

참고문헌

문상현(2022). 『플랫폼 사회』. 커뮤니케이션북스.

박준석 외(2015). 웨어러블 센싱 기반의 Quantified Self 기술동향. ≪전자통신동향분석≫, 30(4), 1-11쪽.

Bauman, Z.(2007). *Consuming life*. Polity Press.

Foucault, M.(1986). *Foucault: A critical reader*. New York, NY, USA: Basil Blackwell.

Haggerty, K. D. & Ericson, R. V.(2000). The surveillant assemblage. *The British Journal of Sociology*, 51(4), pp.605-622.

Lupton, D.(2016). *The quantified self: A sociology of self-tracking*. Cambridge, UK: Polity Press.

08
감시와 프라이버시

감시는 안전을 보장하거나 효율성을 향상하기 위한 필요성으로 정당화되는 통제 메커니즘이다. 반면 프라이버시는 개인 데이터에 대한 수집, 공유 혹은 활용을 스스로 통제하고 결정할 수 있는 권리를 의미한다. 인공지능 기반 감시 기술의 사용은 개인의 모든 일상 활동을 모니터링하여 데이터 원천으로 변환한다. 이는 개인의 프라이버시에 심각한 침해를 가져온다.

AI와 한의학?

프라이버시의 정의

프라이버시 개념의 기원을 일부 학자는 성경이나 고대 서구 사회의 규범에서 찾기도 하지만, 대부분은 프라이버시가 20세기에 들어서 비로소 사회적이고 학술적인 관심을 받기 시작했다고 주장한다(성선제, 2014; 황인호, 2003). 특히 역사적으로 볼 때 프라이버시 개념의 등장과 진화는 미디어 기술의 발전과 그 궤를 같이한다. 잘 알려져 있다시피 프라이버시에 대한 논의는 새뮤얼 워런(Samuel Warren)과 루이스 브랜다이스(Louis Brandeis)가 1890년에 하버드대학의 법학 저널에 실은 "The Right to Privacy"에서 비롯되었다는 것이 정설이다. 이 논문에서 워런과 브랜다이스는 프라이버시를 '홀로 있을 권리(right to be let alone)'라고 정의했다(Warren & Brandeis, 1890).

이 논문의 저술 배경에는 19세기 중반 대중지 등장 이후 폭발적으로 성장한 인쇄 저널리즘과 밀접한 관련이 있다. 엘리트 집단을 대상으로 황색 저널리즘(yellow journalism)이라고 하는 선정주의적 언론이 만연하면서 사생활 침해에 대한 우려가 커졌다. 이들 신문은 경쟁적으로 사회 지도층에 대한 무차별적인 사생활 폭로와 추문 들추기를 일삼았고, 이에 대한 사회 지도층의 반감과 시민적 공분이 프라이버시 권리라는 새로운 권리를 태동시키는 계기가 된 것이다(변재옥, 1999). 혹자는 워런과 브랜다이스의 논문이 언론의 과도한 관심을 불편해한 엘리트 집단의 이해관계를 대변했다고 비판하기도 한다. 그러나 이 논문은 미국 사회에서 법적 권리로서 프라이버시를 논의하는 중요한 시발점이 되었다.

프라이버시에 대한 논의는 불법 행위(tort law) 분야의 저명한 법률학자 윌리엄 프로서(William Prosser)에 의해 보다 구체화되었다. 그는 1960년 프라이버시 침해와 관련된 300건 이상의 관습법 위반 사례를 조사해 프라이버시 침해를 네 가지 유형으로 제시했다. 그에 따르면, 프라이버시 침해는 ① 원고의 은둔, 고립이나 사적인 일에 대한 침범 행위, ② 원고에 대한 당혹스러운 개인적인 사실의 공개 행위, ③ 원고를 공중의 눈에 오해되도록 잘못 표현하는 행위, ④ 원고의 성명 또는 초상을 피고의 이익을 위해 이용하는 것 등의 네 가지 유형으로 분류할 수 있다(Prosser, 1960). 이러한 불법 행위의 유형화는 향후 개인의 프라이버시권 침해 여부를 결정하는 토대를 제공했다.

프라이버시 개념은 1960년대 중반 이후 미국에서 인권 운동이 활발해지면서 '사생활에서의 의사 결정의 자유(decisional privacy)'로 발전하게 되었다(문재완, 2013). 문재완에 따르면, 의사 결정의 자유로서 프라이버시는 자율적 인간은 자기 삶의 방식을 선택할 수 있는 권리를 가졌다는 인식에서 비롯된다. 의사 결정의 자유가 개인의 권리로서 존중되어야 하는 영역에는 자기 몸에 대한 자율권(낙태, 연명 치료 거부), 성행위와 같이 상호 합의에 따른 자율권(동성연애, 결혼), 후손에 관한 자율권(피임, 불임 시술), 자녀 양육에 관한 자율권 등이 포함된다(문재완, 2013: 4).

디지털 기술의 발전은 프라이버시권에 대한 인식에 큰 변화를 불러왔다. 디지털 기술 등장 이전에는 개인 데이터의 수집, 처리 및 이용은 매우 제한적이거나 일시적인 경우가 많았다. 하지만 컴퓨터 보급과 온라인 상거래의 보편화는 기업에 의한 개인 데이터의 수집 및 처리를 일상화했다. 기업 활동에서 개인화와 맞춤형 마케팅의 중요성이 커지게 되어 개인 데이터의 경제적 가치가 높아지게 된 것이다. 빅 데이터, 무선 및 모바일 기술, 그리고 위치 기반 기술 같은 새로운 정보 통신 기술의 등으로 프라이버시 침해에 대한 사회적 우려가 커지면서 '정보 프라이버시(Informational privacy)' 개념이 주목받게 되었다.

정보 프라이버시의 핵심은 자신과 관련된 정보를 정보 주체가 스스로 결정할 수 있는 '개인 정보의 자기 결정권'이라고 할 수 있다. 사생활이나 사적 영역의 침해로부터의 자유를 의미하던 수동적인 프라이버시 개념이 자신의 개인 정보가 어떻게 수집되고 저장되며 사용되는지에 대해 확인하고 개입하는 능동적이고 참여적인 권리로 확대되고 재정의된 것이다. 이러한 맥락에서 로한 사마라지바(Rohan Samarajiva)는 프라이버시를 정보의 인플로(inflow)와 아웃플로(outflow)에 대한 배타적 통제권이라고 정의했다(Samarajiva, 1994). 앨런 웨스틴(Alan Westin) 교수는 『프라이버시와 자유』(1967)라는 저서에서 프라이버시권을 개인, 단체 또는 기관이 자신에 관한 정보를 언제, 어떻게, 어느 정도의 범위에서 타인에게 유통할 것이냐를 결정할 수 있는 권리라고 정의했다.

프라이버시 개념은 사회적 변화나 기술의 발전에 따라 그 의미의 외연이 확장됐다. 그럼에도 여전히 프라이버시란 무엇인가에 대한 논란은 계속됐다. 프라이버시라는 개념이 포괄하는 하위 현상이 매우 다양할 뿐 아니라 흔히 말하는 프라이버시 침해라는 것이 맥락적(contextual)이고 상황적(contingent)인 특성을 갖기 때문이다(Lacity & Coon, 2024). 개인에게 벌어진 동일한 상황이 어떤 경우에는 전혀 문제가 없지만 다른 상황에서는 프라이버시 침해로 인식되는 것이다.

감시와 프라이버시: 강화되는 긴장 관계

지능 정보 사회에서 감시와 프라이버시는 이전에 비해 훨씬 더 긴장 관계에 놓이게 된다. 감시는 방대한 개인 데이터의 체계적인 수집, 모니터링, 분석을 포함하며, 주로 정부나 민간 기업이 행정, 범죄 방지 등 사회 질서 유지, 기업 경영과 마케팅, 소비자 행동 예측 등의 목적으로 수행한다. 즉, 감시는 안전을 보장하거나 효율성을 향상하기 위한 필요성으로 정당화되는 통제 메커니즘이다(Véliz, 2024).

반면, 프라이버시는 개인 데이터에 대한 수집, 공유 혹은 활용을 스스로 통제하고 결정할 수 있는 권리를 의미한다. 프라이버시는 개인의 자율성, 존엄성, 부당한 감시 없이 의사 결정을 할 수 있는 능력의 중요성을 강조한다. 감시는 흔히 권위적이고 음험한 행위로 이해됐지만, 사실 순기능적인 측면도 많다. 테러의 위험, 범죄로 인한 무질서와 각종 비효율성이 넘치는 사회를 바람직하다고 할 수는 없다. 그럼에도 감시는 의도적으로 혹은 비의도적으로 자신의 데이터를 자율적으로 관리하고 통제할 수 있는 개인의 능력을 침해하거나 약화함으로써 프라이버시를 위협한다. 이 이중성은 지능 정보 사회에서 두 개념이 공존하지만, 끊임없이 충돌할 수밖에 없음을 보여 준다.

사물 인터넷(internet of things: IoT), 알고리즘, 인공지능 등 지능 정보 기술의 발전으로 민간 기업이 수집하는 데이터의 규모와 유형이 확대됐다. 민간 기업은 개인의 모든 일상적 삶과 행동을 추적해 데이터로 변환하고 알고리즘 기술을 활용해 거래할 수 있는 상품으로 전환한다. 이를 통해 개인의 미래 행동을 예측하여 맞춤형 상품이나 서비스를 제공한다. 이에 따라 프라이버시 침해에 대한 사회적 우려가 더욱 커지고 있다. 팬데믹 시기에 경험한 것처럼 프라이버시가 공동의 이익을 위해 제한되거나 희생될 수 있다는 인식은 프라이버시에 대한 이분법적 사고를 조장한다(Ollier-Malaterre, 2024). 이용자는 데이터 수집과 활용을 거부할 시 기업이 제공하는 서비스 사용이 불가능하고 혜택도 누릴 수 없으므로 자발적 혹은 어쩔 수 없이 데이터 수집과 활용에 동의하게 된다. 이는 민간 기업의 데이터 활용에 면죄부를 주게 되고, 프라이버시 침해를 정당화하는 기제로 악용된다.

디지털 기술과 인공지능을 통해 작동하는 현대 감시 메커니즘은 개인의 프라이버시에 심각한 침해를 가져온다. 데이터 수집 도구의 광범위한 사용은 개인의 모든 일상 활동을 모니터링해 데이터 원천으로 변환한다. 감시가 일상화하면서 개인은 익명성을 상실하고, 자유롭게 자신을 표현하는 능력이 제한된다. 사람들이 감시에 대한 두려움 없이 사회 활동에 참여할 수 있는 능력을 방해한다. 지속적인 감시가 자기 검열과 '위축 효과(chilling effect)'를 초래할 수 있기 때문이다(Véliz, 2024). 개인이 보복에 대한 두려움으로 특정 견해나 행동 표현을 회피하고, 이는 표현의 자유와 결사의 자유 같은 민주적 권리 축소로 귀결된다.

정부나 기업에 의한 지속적인 데이터 수집은 조직이 개인행동을 프로파일링하고 예측할 수 있는 권력을 제공함으로써 불평등한 권력관계를 공고히 한다. 마치 제러미 벤담(Jeremy Bentham)의 패놉티콘(panopticon)처럼 개인이 조직의 시선 밖에서 활동할 수 있는 능력을 감소하고, 자기 감시와 순응의 문화를 강화한다. 감시받는다는 두려움은 직접적 위협이 없는 상황에서도 사람들의 행동 변화를 초래하기 때문이다. 특히 고도화된 지능 정보 기술은 기술적으로 난해하고 투명성이 낮아 개인이 자신의 데이터가 어떻게 수집, 사용, 분석되는지 이해하거나 문제를 제기하기가 어렵다.

이런 의미에서 감시와 프라이버시의 관계는 권력과 민주주의의 문제와 밀접하게 관련된다. 감시 시스템이 본질적으로 중립적이지 않으며, 이를 배열하고 운영하는 메커니즘이 특정 사회의 가치와 우선순위를 배태하기 때문이다. 프라이버시를 침해하는 감시의 확대가 단순히 기술적인 문제가 아니라 정치적이고 윤리적인 문제라고 주장하는 이유다. 따라서 감시와 프라이버시의 조화로운 균형점을 찾기 위해서는 기술적이고 정치적 고려 외에 법적 · 윤리적 · 교육적 전략을 결합한 다각적인 접근 방식을 채택해야 한다.

참고문헌

문재완(2013). 개인정보 보호법제의 헌법적 고찰. ≪세계헌법연구≫, 19(2), 2-26쪽.

변재옥(1999). 『정보화사회의 프라이버시와 표현의 자유』. 커뮤니케이션북스.

성선제(2014). 『사이버프라이버시』. 서울경제경영.

황인호(2003). 미국에서 프라이버시권의 전개과정에 관한 고찰. ≪토지공법연구≫, 19집, 229-257쪽.

Dencik, L.(2018). Surveillance realism and the politics of imagination: Is there no alternative? *Krisis: Journal for*

Contemporary Philosophy, 1, pp.1–20.

Draper, N. A. & Turow, J.(2019). The corporate cultivation of digital resignation. *New Media & Society*, 21(8), pp.1824–1839.

Hoffmann, C. P., et al.(2016). Privacy cynicism: A new approach to the privacy paradox. *Cyberpsychology: Journal of Psychosocial Research on Cyberspace*, 10(4), article 7. doi: 10.5817/CP2016-4-7.

Kokolakis, S.(2017). Privacy attitudes and privacy behaviour: A review of current research on the privacy paradox phenomenon. *Computers & security*, 64, pp.122–134.

Lacity, M. C. & Coon, L.(Eds.)(2024). Human Privacy in Virtual and Physical Worlds: Multidisciplinary Perspectives. Palgrave Macmillan.

Ollier-Malaterre, A.(2024). *Living with digital surveillance in China citizens' narratives on technology, privacy, and governance*. Routledge.

Prosser, W.(1960). Privacy. *California Law Review*, 48, pp.383–398.

Samarajiva, R.(1994). Privacy in electronic public space: emerging issues. *Canadian Journal of Communication*, 19(1), pp.87–99.

Véliz, C.(2024). *The ethics of privacy and surveillance*. Oxford University Press.

Warren, S. & Brandeis, L.(1890). The right to privacy. *Harvard Law Review*, 4(5), pp.193–220.

09
감시와 개인 데이터 보호

프라이버시권과 데이터 보호권은 때로 중첩되지만 서로 뚜렷이 구별되는 권리다. 프라이버시는 보호해야 할 선한 것을 타인이 침해하지 못하도록 막는 자유권이다. 반면 데이터 보호권은 개인 데이터가 처리될 때마다, 그러한 처리가 공정하고 적법한 절차에 부합하도록 투명하게 이루어지는 것을 보장하기 위한 목적을 지닌다.

AI와 화장품?

프라이버시와 개인 데이터 보호의 관계

프라이버시 보호와 개인 데이터 보호의 관계는 서로 동일하거나 데이터 보호가 프라이버시 개념에 포함되는 것으로 이해되기도 한다. 특히 정보 통신 기술의 발전으로 인해 프라이버시 개념이 사생활 침해를 넘어 정보 프라이버시와 개인 데이터 자기 결정권을 의미하는 데이터 프라이버시(data privacy)로 확대되면서 개인 데이터 보호와 프라이버시 간의 관계는 더욱 모호해졌다. 그럼에도 두 개념은 완전히 동일하지는 않다(Pedic, 2017). 예를 들면, 프라이버시 침해와 무관하게 개인 데이터를 보호해야 하는 상황이 있을 수 있기 때문이다.

시기적으로 본다면 프라이버시는 고대까지 거슬러 올라가지 않더라도 적어도 새뮤얼 워런(Samuel Warren)과 루이스 브랜다이스(Louis Brandeis)의 논문이 발간된 19세기 중후반에 그 시원을 찾을 수 있다. 법적으로도 1948년 세계 인권 선언(Universal Declaration of Human Rights)의 제12조와 1950년에 제정된 유럽 인권 보호 조약(European Convention on Human Rights) 제8조에 프라이버시권에 대한 내용이 포함되었다.

개인 데이터 보호는 1970년대 들어서야 본격적인 주목을 받게 된다. 컴퓨터를 비롯한 정보 통신 기술이 발전하고 정부와 민간 기업의 개인 데이터 수집 · 처리 · 사용이 본격화하면서 많은 국가에서 정책적 관심의 대상이 되고 입법화가 이루어진다. 페딕(Pedic, 2017)은 프라이버시의 관점에서 접근한 정보 프라이버시권이 개인 데이터의 보호를 포괄적으로 보장하지 못했으며, 구별된 권리로서 데이터 보호권의 등장과 발전이 개인 데이터 보호에 대한 인식의 지평을 넓히는 데 기여했다고 평가한다.

미레일 힐드브란트(Mireille Hildebrandt)에 따르면, 프라이버시권은 일종의 불투명권(opacity right)으로서 개인 시민의 사적 공간을 외부의 간섭으로부터 지키는 데 목적이 있다(Hildebrandt, 2020). 프라이버시는 보호해야 할 선한 것을 타인이 침해하지 못하도록 막는 자유권(liberty right)이자 부정적 권리(negative right)이다. 반면 투명권(transparent right)인 데이터 보호권은 개인 데이터가 처리될 때마다, 그러한 처리가 공정하고 적법한 절차에 부합하도록 투명하게 이루어지는 것을 보장하기 위한 목적을 지닌다(Hildebrandt, 2020: 130).

힐드브란트는 프라이버시권과 데이터 보호권을 때로 중첩되지만 서로 뚜렷이 구별되는(distinctive) 권리라고 규정한다(Hildebrandt, 2020: 131). 즉, 개인 데이터의 처리가 프라이버시 권리를 침해하면 두 권리는 서로 중첩된다. 하지만 프라이버시는 데이터의 처리와 무관하게 개인의 신체적 통제권, 사생활, 가택 등을 침해하는 경우에도 발생한다. 반면 은행 거래나 상품 배송 시 개인의 요청에 따라 데이터를 처리하는 경우 프라이버시 침해는 발생하지 않지만 데이터 보호권은 관련된다. 이들 상황에서는 프라이버시권과 데이터 보호권은 서로 중첩되지 않는다.

페딕 역시 데이터 보호법이 충분히 입법화되어 있지 않은 상황에서 프라이버시권이 데이터 보호의 역할을 수행하면서 데이터 보호권이 프라이버시권의 한 부분으로 여겨지게 되었다고 설명한다(Pedic, 2014: 38). 페딕에 따르면, 데이터 보호권은 프라이버시와의 관계와 상관없이 모든 개인 데이터에 대한 보호를 제공하므로 (정보) 프라이버시권의 범위를 뛰어넘는다(Pedic, 2014). 또한 개인 데이터 보호의 목적은 개인 데이터의 사용을 방지하기 위한 것이 아니라 데이터 사용에 대한 통제권을 도입하는 데 있다고 설명한다(Pedic, 2017: 133).

이러한 맥락에서 페딕은 프라이버시권이 개인의 내밀성에 대한 잠재적 침해에 초점을 맞추는 데 반해, 데이터 보호권은 모든 개인 데이터에 대한 보호를 제공하고 사전에 정해진 규칙에 따라 데이터를 사용 가능케 하는 데 목적이 있다고 주장한다(Pedic, 2017: 134).

데이터 보호의 제도화와 주요 권리

개인 데이터 보호와 데이터 주체의 권리 강화를 위해 마련된 데이터 보호 법안들은 데이터 수집 및 활용 과정에서 개인이 행사할 수 있는 다양한 권리를 명시하고 있다. 모든 국가가 동일한 내용과 강도로 이러한 권리를 보장하는 것은 아니지만, 개인 데이터 보호라는 취지 자체는 큰 차이가 없다. 법적 제도화는 해당 국가의 역사적 · 정치적 · 사회 문화적 맥락 속에서 이루어지므로 구체적 권리의 유형과 내용은 차이가 있을 수밖에 없다.

2018년 5월 25일에 발효된 유럽 연합(EU)의 '일반 데이터 보호 규정(General Data Protection Regulation: GDPR)'은 지금까지 등장한 개인 데이터 보호 법령 중에서 가장 포괄적이고 데이터 주체의 권리를 구체적으로 보장한 법안으로 평가된다(Solove, 2018). 특히 GDPR은 개인 데이터 처리와 관련되는 데이터 주체의 모든 기본권과 자유를 보호하고자 한다는 점에서 중요한 의미가 있다. GDPR에서 보호하는 데이터 주체의 권리를 간략히 살펴보면 다음과 같다.

첫 번째 권리는 정보를 제공받을 권리(Right to be informed)다. 데이터 주체는 자신의 데이터가 어떻게, 왜, 어디서 수집되고 처리되는지에 대해 고지받을 권리가 있다. 이 권리는 개인 데이터 활용에서 투명성이 필요함을 강조한다. 데이터를 수집하는 조직은 개인에게 데이터 처리 목적, 해당 데이터의 보전 기간, 공유 대상 등에 관한 정보를 프라이버시 고지 등을 통해 알릴 필요가 있다.

두 번째 권리는 데이터 주체가 자신의 개인 데이터 처리 유무를 확인하고, 개인 데이터 사본을 제공받을 수 있는 접근권(Right to access)이다(김상현, 2022). 이는 데이터 주체가 자신의 데이터가 적법하게 처리되었는지를 검증할 수 있도록 하는 데 목적이 있다(박노형 외, 2017).

세 번째 권리는 정정권(Right to rectification)으로서 데이터 주체가 자신의 데이터가 부정확하거나 불완전하다고 판단할 시 정정할 수 있도록 보장하는 것이다.

네 번째 권리는 흔히 잊힐 권리(Right to be forgotten)라고도 표현되는 삭제권(Right to erasure)이다. 데이터 제공의 목적이 달성되어 더 이상 해당 기관이 자신의 데이터를 보유하지 않기를 원할 때 행사할 수 있는 권리다.

특히 데이터 주체의 데이터를 제3자에게 제공하거나 공개한 자는 삭제 요청이 있을 때 제3자에게도 데이터에 대한 링크, 사본, 복제의 삭제를 알리고 필요한 조치를 취하도록 해야 한다(박노형 외, 2017: 145). 또한 미성년자가 숙고 없이 자신의 데이터를 공개했을 경우 겪을 수 있는 위험과 피해를 고려하고 있다(김상현, 2022). GDPR은 삭제권이 적용되지 않는 몇 가지 예외 조항을 두고 있어서 절대적 권리라 할 수는 없다. 표현 및 정보의 자유권 행사, 법적 의무의 준수나 공익을 위한 직무 수행, 공중 보건 분야의 공익적 이유, 과학 및 역사적 연구나 통계적 목적을 위한 경우, 법적 청구권 설정, 행사, 방어의 경우 등이 삭제 의무가 면제되는 경우다(박노형, 2020: 482-483).

다섯 번째 권리인 처리 제한권(Right to restrict processing)은 데이터 주체가 특정 조건에서 자신의 데이터에 대한 처리를 제한하도록 요구할 수 있는 권리다. 데이터 주체가 처리 제한을 요구하면 원칙적으로 저장만 가능하고 데이터 이용과 제공은 제한된다.

여섯 번째 권리는 반대권(Right to object)이다. 데이터 주체는 특정한 상황에서 자신의 데이터가 처리되는 것에 반대할 권리를 갖는다. 특정한 상황이란 공익이나 공적 권한 행사를 위한 목적, 직접 마케팅 목적, 과학적 또는 역사적 연구 목적 혹은 통계적 목적으로 데이터가 처리되는 경우를 의미하는데, 데이터 주체는 프로파일링을 포함해서 개인 데이터 처리에 대해 언제든지 반대할 권리를 갖는다.

일곱 번째는 데이터 이동권(Right to portability)으로 이용자가 제공한 데이터를 디지털 형태로 제공받거나 특정하는 제3자에게 제공해 줄 것을 요청할 수 있는 권리다. 데이터 이동권은 데이터 주체가 직접 제공하고 전자적 형태로 처리된 데이터에만 적용된다. 하지만 데이터 이동권은 타인의 삭제권, 영업 비밀, 지식 재산권 등의 권리와 자유를 침해해서는 안 된다. 이용자의 권익을 보장하기 위해 사업자에게 의무를 부여했다는 점에서 의의가 있지만 현실에서는 데이터 주체의 권리 강화보다는 데이터 산업 활성화를 위해 이용하고 있다는 지적도 많다(이금노, 2021).

여덟 번째 권리는 프로파일링을 포함한 자동화된 의사 결정에 이의를 제기할 권리(Rights related to automated decision making including profiling)다. 효율성이라는 장점에도 불구하고 인공지능을 활용한 자동화된 의사 결정 시스템이 사회적 차별과 편견을 확대 재생산

한다는 비판이 커지고 있다. 이 권리는 데이터 주체가 자신에게 법적 효력을 초래하거나 유사하게 중대한 영향을 미치는 결정이 자동화된 방식으로만 이루어지는 것에 반대할 수 있도록 한다.

참고문헌

김상현(2022). 『유럽연합의 개인정보보호법, GDPR』. 커뮤니케이션북스.

박노형 외(2017). 『EU 개인정보보호법』. 박영사.

박노형(2020). 『개인정보보호법』. 박영사.

이금노(2021). 소비자 데이터 가치 평가 동향과 정책 시사점. ≪소비자정책동향≫, 1-25쪽.

Hildebrandt, M.(2020). *Law for computer scientists and other folk*. Oxford University Press.

Pedic, Z.(2014). The right to personal data protection vs. the right of access to information in the European Union. doctoral thesis, University of Zagreb, Faculty of Law, Zagreb.

Pedic, Z.(2017). Interconnectivity and differences of the (information) privacy right and personal data protection right in the European Union. *Review of Comparative Law*, 30, pp.125-135.

Solove, D.(2018). Why I love the GDPR: 10 Reasons, https://teachprivacy.com/why-i-love-the-gdpr/

10
인공지능과 데이터 주체 권리의 미래

데이터가 지능 정보 기술 기반 경제의 핵심 자산으로 부상하고 국가와 디지털 플랫폼을 비롯한 민간 기업의 데이터 수집 및 활용이 대량화하면서 데이터 주권 개념에 관해 관심이 커지고 있다. 이와 함께 데이터 생성자이자 이용자인 데이터 주체의 경제적 권리를 인정해 자신의 데이터에 대한 전체 또는 일부 소유권을 가져야 한다는 주장도 제기되고 있다.

종교와 AI?

데이터 주권과 데이터 소유권

데이터가 지능 정보 기술 기반 경제의 핵심 자산으로 부상하고 국가와 디지털 플랫폼을 비롯한 민간 기업의 데이터 수집 및 활용이 대량화하면서 '데이터 주권(data sovereignty)' 개념에 관해 관심이 커지고 있다. 급속도로 진행된 지구화로 국가 주권 개념이 약화하고, 개인의 정체성 투쟁과 자율성 확대로 주권 개념이 국가에만 독점적으로 귀속되는 것은 아니라는 주장이 제기되었다(Couture & Toupin, 2019). 데이터 주체로서 이용자의 데이터 주권 개념은 이러한 배경에서 비롯되었다.

주권 개념이 독립성, 통제, 자율성이라는 원칙을 함축하기 때문에 데이터 주권은 자신의 데이터나 데이터 인프라에 대한 통제권과 독립적으로 행사할 수 있는 자기 결정권 등을 의미한다고 볼 수 있다. 이러한 맥락에서, 플로리안 라우프(Florian Lauf)와 동료들은 데이터 주권을 "자신의 데이터에 어떤 목적으로 누가 접근할 수 있는지를 (외부 영향 없이 스스로 결정하고, 언제든지, 자기가 선호하는 방식에 따라) 결정하는 능력"이라고 정의한다(Lauf, et al., 2022: 4). 또한 프라운호퍼(Fraunhofer) 보고서에서는 데이터 주권을 "데이터 사용 규칙을 스스로 정의하고, 데이터/정보 흐름에 영향을 미치고 추적하는 동시에 언제 어디서나 원하는 때에 데이터 공유와 이전 여부를 자유롭게 결정할 수 있는 데이터 주체의 능력"이라고 정의한다(Fraunhofer, 2021: 9).

데이터 주권에 대한 높은 관심은 국가 차원에서는 디지털 혁신과 자국 데이터 산업 보호 필요성에서, 개인 차원에서는 개인 데이터 보호와 자기 결정권 강화라는 명분에서 그 이유를 찾을 수 있다. 지능 정보 사회로의 전환이 빠르게 진행되면서 데이터 주체의 데이터 주권과 관련된 논의가 프라이버시와 개인 데이터 보호를 넘어 데이터 주체가 자신의 데이터에 대한 전체 또는 일부 소유권을 가져야 한다는 논의로 확대되고 있다.

'데이터 소유권(data ownership)'은 데이터의 경제적 가치가 높아지고 정부와 민간 기업의 데이터 수집 및 활용이 확대되면서 큰 주목을 받게 된다. 특히 이용자가 프롬프트 작성과 대화 과정을 통해 인공지능 훈련 과정에 직접 참여하는 생성형 AI의 등장은 데이터 소유권의 문제를 한층 복잡하게 만들고 있다.

데이터 소유권이란 "데이터와 데이터 관련 권리에 대한 완전한 통제권을 갖는 것으로 널리 간주하며, 이에는 데이터 접근, 창조, 생성, 수정, 분석, 사용, 판매 또는 삭제 권리를 포함하되 이에 한정되지 않고, 다른 사람에게 데이터에 대한 권리를 부여하는 권리까지 포함"한다(Asswad & Gomez, 2021). 전통적 개념에서 소유권이란 타인의 간섭 없이 소유물을 사용하고, 사용의 통제가 가능해야 하며 소유자가 누구인지와 상관없이 이를 유지할 수 있는 권리를 의미한다(Hart, 2002). 하지만 데이터는 복제와 전송이 용이한 공공재적 특성을 가진 비물질적 재화이고 원 소유자를 찾기 어렵다는 특성이 있어 법률 전문가들은 재산권(property rights)으로서의 데이터 소유권에 대해 반대하거나 회의적인 태도를 보인다.

따라서 데이터 소유권 개념을 재산권이 아니라 데이터에 관한 통제권(ownership as control)을 부여하는 것으로 이해하는 시각이 더 지배적이다. 정보의 자기 결정권에서 비롯되는 인격권을 지칭하는 것이다. 데이터 주체의 권리로서 데이터 소유권 개념을 이야기할 때 흔히 이러한 의미로 사용하는 경우가 많다. 유럽 연합의 GDPR을 비롯한 데이터 보호법은 일반적으로 통제권 강화의 문제로 소유권을 다룬다(Thouvenin & Tamo-Larrieux, 2021). GDPR에 명문화된 데이터 주체의 권리들과 우리나라 「개인정보보호법」이 보장하는 정보 주체 권리들이 법적 틀 안에서 데이터 주체가 보유한 통제권으로서 소유권을 의미한다. 이들 법안은 개인의 사적 데이터를 수집하는 기업과 기업의 활동에 대해 개인이 행사할 수 있는 다양한 데이터 권리를 명시하고 있다. 이러한 법 제도의 확립은 기업에 비용의 증가를 의미하지만, 동시에 개인에게는 데이터 소유권과 데이터 활용에 대한 명시적 근거를 제공한다.

전문가들은 빅 데이터와 글로벌 데이터 거래가 시민의 기본권과 자유를 위협할 가능성이 있으며, 데이터 소유권은 이를 완화할 수 있는 일종의 완충제로 본다 (Thouvenin & Tamo-Larrieux, 2021). 소유권을 부여받은 개인은 기업과의 협상에서 더 나은 위치를 차지할 수 있고, 자신의 데이터 처리를 통해 생겨난 가치를 더 공정하게 분배받을 수 있다는 것이다.

지능 정보 기술 발전으로 데이터 수집과 활용이 빠르게 고도화하고, 이와 함께 이용자 데이터의 경제적 가치가 커지면서 데이터 생성자이자 이용자인 데이터 주체의 경제적 권리를 인정해야 한다는 여론이 비등해지고 있다. 이용자의 개인 데이터를 수집 · 활용해 막대한 수익을 올리는 기업들에 비해 이용자들은 서비스 (무료) 이용 외에는 아무런 보상도 받지 못하는 상황이 부당하다는 비판도 커졌다. 이런 점에서 볼 때, 비록 여전히 해결해야 할 법적 문제들이 있지만 데이터 주체에게 데이터 소유권 혹은 이에 준하는 경제적 보상을 제공하는 시스템 마련이나 제도화는 불가피할 것으로 보인다.

생성형 AI의 등장과 데이터 주체의 권리

생성형 AI는 사용자 요구에 맞춰 기존 데이터를 기반으로 텍스트, 오디오, 이미지 등의 새로운 콘텐츠를 생성하는 인공지능 기술이다. 생성된 데이터는 학습 데이터의 특성을 반영하지만, 그 자체로는 학습 데이터세트에 원래 존재하지 않는 완전히 새로운 콘텐츠다.

생성형 AI는 많은 수의 파라미터를 효과적으로 학습하려면 투입되는 데이터양이 많이 증가해 인공지능 모델의 크기와 복잡성이 커진다. 특히 불특정 다수와 관련한 이미지, 영상 데이터를 포함해 인터넷으로 접근 가능한 대규모 공개 데이터 접근이 증가한다. 생성형 AI는 새로운 콘텐츠 생성이 목표이기 때문에 기존 인공지능에 비해 더 많은 데이터가 필요한 것이다. 이에 따라 생성형 AI의 데이터 활용 방식이 데이터 보호나 프라이버시에 부정적인 영향을 미친다는 우려가 커지고 있다.

생성형 AI가 데이터를 수집하는 과정에서 데이터 보호 위반과 프라이버시 침해가 발생할 수 있다는 지적이 많다. 실제로 2023년 3월 이탈리아 규제 당국은 프라이버시 침해 우려를 이유로 챗지피티 접속을 차단했다 (McCallum, 2023). 챗지피티가 대규모 학습 데이터를 수집하는 과정의 적법성이 문제가 되었고, 13세 미만 이용자들의 챗지피티 접근을 막기 위한 나이 확인 절차가 없다는 점도 차단의 이유였다.

또한 챗지피티는 공개된 인터넷 사이트에서 대량의 데이터를 수집하고 학습한다. 학습한 데이터를 다양한 정보와 합성하고 추론하는 과정을 통해 새로운 콘텐츠를 비롯한 많은 정보를 제공하게 된다. 이 과정에서 공개되지 말아야 할 개인 데이터가 제공되거나 개인 정보 유출이 발생할 수 있다. 생성형 AI 모델이 학습 데이터(개인 데이터가 포함된 여러 소스에서 얻은 방대한 데이터베이스)를 통해 학습할 때 개인의 데이터, 특히 민감한 데이터를 침해하는 콘텐츠를 부주의하게 생성할 가능성이 높으며, 이는 종종 개인의 명시적 동의를 거치지 않는 경우가 많다.

생성형 AI 등장으로 주요 국가들은 데이터 보호법, 인공지능 관련법, 지식 재산권법의 개정이나 제정에 박차를 가하고 있다. 기존 법체계로는 생성형 AI가 발생시키는 이슈를 적절히 다루기 어렵다는 판단 때문이다. 이와 함께 데이터 흐름의 글로벌한 특성을 고려해 생성형 AI

이슈 해결에 주요 국가들이 공동 대응에 나서고 있다. 대표적으로 G7 데이터 보호와 프라이버시 기관들(G7 data protection and privacy authorities: DPAs)은 2023년 6월 도쿄에서 원탁회의를 열어 생성형 AI 대응에 대해 논의한 후 공동 입장문을 발표했다(DPAs, 2023).

DPAs는 생성형 AI 기술 사용이 전 세계적으로 확산하고 다양한 부문에 채택되는 상황에서, 적절하게 개발되고 규제되지 않는다면 프라이버시, 데이터 보호 및 기타 기본권이 위험에 처하고 잠재적 해악이 초래될 수 있다는 우려를 분명히 했다. 또한 AI 관련 법률, 규제, 정책 및 표준은 '인권과 기본적 자유의 보호, 프라이버시 및 개인 데이터 보호 등 인간 중심적이고 민주적 가치에 기반해야 한다'는 2023년 4월 G7 디지털 및 기술 장관 선언 내용에 대해 지지를 재천명했다.

특히 공동 입장문은 개발자와 서비스 제공자가 지켜야 할 사항에 대해 언급한다(DPAs, 2023). 개발자와 제공업체는 '프라이버시 바이 디자인(privacy by design)' 개념에 따라 생성형 AI 기술을 사용하는 새로운 제품 및 서비스의 디자인, 구상, 운영, 관리에 개인 정보 보호를 내재화해야 하며, 프라이버시 영향 평가(PIA)에 이러한 선택과 분석을 문서화해야 한다. 또한 개발자와 서비스

공급자는 기존 법률을 준수하고 데이터 최소화, 데이터 품질, 목적 명확화, 사용 제한, 보안 조치, 투명성, 개인 데이터 수집 및 사용에 대해 알권리를 포함한 정보 주체의 권리, 책무성 등 국제적으로 준수되는 주요 데이터 보호 및 프라이버시 원칙을 준수해야 한다.

참고문헌

Asswad, J. & Gomez, J. M.(2021). Data ownership: A survey. *Information*, 12(11), pp.1–32.

Couture, S. & Toupin, S.(2019). What does the notion of "sovereignty" mean when referring to the digital?. *New Media & Society*, 21(10), pp.2305–2322.

DPAs(Data Protection and Privacy Authorities OF G7)(2023). Statement on generative AI, https://www.priv.gc.ca/en/opc-news/speeches/2023/s-d_20230621_g7/

Fraunhofer(2021). Data sovereignty and data economy: Two repulsive forces?. Position Paper.

Hart, D.(2002). Ownership as an issue in data and information sharing: A philosophically based review. *Australasian Journal of Information Systems*, 10(1), pp.23–29.

Lauf, F., et al.(2022). Linking data sovereignty and data economy: Arising areas of tension. Conference: International Conference on Wirtschaftsinformatik At: Nurnberg Volume: 17, pp.1–19.

McCallum, S.(2023.4.1). ChatGPT banned in Italy over privacy

concerns. BBC.
https://www.bbc.com/news/technology-65139406
Thouvenin, F. & Tamo-Larrieux, A.(2021). Data ownership and data access rights: Meaningful tools for promoting the European digital single market?. In M. Burri(Ed.), *Big data and global trade law*(pp.316-339), Cambridge:Cambridge University Press.

문상현

광운대학교 미디어커뮤니케이션학부 교수다. 서울대학교 언론정보학과를 졸업하고 미국 인디애나대학교 텔레커뮤니케이션학과에서 석사, 오하이오주립대학교 커뮤니케이션학과에서 박사 학위를 받았다. ≪방송통신연구≫ 편집위원장과 한국언론학회 부회장을 역임했다. 저서로 『플랫폼 사회』(2022), 『글로벌 문화생산과 자본주의』(2017), 『저널리즘 모포시스』(공저, 2020), 『디지털시대의 미디어와 사회』(공저, 2017), 『스마트미디어』(공저, 2015), 『소셜미디어 시대를 읽다』(공저, 2014) 등이 있고, 논문으로 "자동추천서비스 이용자의 데이터화에 대한 인식"(2022), "사물 인터넷과 미디어 기업의 혁신"(2019), "미디어생태계의 변화와 글로벌 미디어기업의 대응전략"(2015), "문화산업전문회사제도가 지상파방송의 드라마제작시스템에 미친 영향에 대한 연구"(2014) 외 다수가 있다. 미디어 엔터테인먼트산업, 비판적 데이터 연구, 커뮤니케이션의 정치경제학이 주요 연구 분야다.